Ulrich Beer

Schüchtern, scheu und selbstunsicher

Ulrich Beer

Schüchtern, scheu und selbstunsicher

Selbstbewußtsein kann man lernen

Die Deutsche Bibliothek – CIP-Einheitsaufnahme

Beer, Ulrich:
Schüchtern, scheu und selbstunsicher : Selbstbewusstsein kann
man lernen / Ulrich Beer. – München ; Landsberg am Lech :
mvg-verl., 1993
  (mvg-Paperbacks ; 467)
  ISBN 3-478-08467-9
NE: GT

Das Papier dieses Taschenbuchs wird möglichst umweltschonend
hergestellt und enthält keine optischen Aufheller.

Titel der im Kreuz Verlag erschienenen Originalausgabe:
„Schüchtern, scheu und selbstunsicher"
© 1991 by Kreuz Verlag, Stuttgart

Veröffentlicht mit freundlicher Genehmigung des Kreuz Verlages,
Stuttgart, in der Taschenbuchreihe des mvg-verlags im verlag moderne
industrie, München/Landsberg am Lech

Umschlaggestaltung: Gruber & König, Augsburg
Druck- und Bindearbeiten: Presse-Druck Augsburg
Printed in Germany 080467/293802
ISBN 3-478-08467-9

Inhalt

Vorwort

Wer heute etwas werden, gelten und von sich selbst halten will, muß dynamisch, selbstsicher und forsch auftreten. Er muß und möchte seine pubertären Eierschalen wie Schüchternheit, Scheu und Schamhaftigkeit so zügig wie möglich überwinden oder doch zumindest unterdrücken. So kommt es wahrscheinlich, daß ein paar im Grunde so schöne und sensible Begriffe heute kaum noch oder nur ganz verstohlen gebraucht werden – als Eingeständnis von Schwäche nämlich, etwa in einem Hilferuf an die Ratgeberrubrik einer Zeitschrift oder im Gespräch mit dem Psychotherapeuten.

Tatsache ist, daß unendlich viele Menschen inmitten dieser forschen, freien und selbstsicheren Gesellschaft im Grunde an inneren Hemmungen und Ängsten, an Schüchternheit und Selbstunsicherheit leiden. Es ist kein Trost zu sagen: Das macht sie menschlich. Dies stimmt zwar, aber die Betroffenen leiden eben daran, fühlen sich benachteiligt, nicht ganz konkurrenzfähig und – schämen sich. Sie sind also nicht nur schamhaft und schüchtern, sondern sie genieren sich auch noch dafür, verdoppeln also ihr Leiden.

Als psychologischer Leserberater einer großen Programmzeitschrift habe ich mir einmal viel Unmut zugezogen, als ich einem jungen Mädchen, das über häufiges Erröten klagte, ermunternd schrieb, Erröten ziere doch ein junges Mädchen, mache sie anziehend und reizvoll. Darauf reagierte nicht nur die Betroffene heftig, sondern es mischten sich auch noch eine Reihe von Lesern in diese Auseinandersetzung ein und tadelten mich wegen meines Unverständnisses. Und wahrscheinlich hatten sie recht: Es ist heute eben ein Makel, nicht ständig fit, forsch und frohgemut den Dingen und den Menschen ins Auge sehen zu können, sondern Zweifel an sich und seiner Stellung in der Mitwelt zu hegen, sensibel aufzutreten und nie ganz sicher zu sein, wer man ist und wie man ankommt. Unter den vielen tausend Briefen, die ich erhielt, sind diese – neben Partnerproblemen – übrigens die zahlreichsten. Und deshalb verdient dieser »Problemkreis« einmal eine ausführliche Behandlung. Dabei soll es an praktischen Beispielen nicht fehlen.

Aber auch der behutsame Versuch, die Hintergründe zu erhellen und – soweit möglich – zu raten und zu helfen, soll nicht zu kurz kommen. Eines aber soll dieses Buch nicht, nämlich den Versuch machen, alle Ansätze von Unsicherheit wegzuwalzen, Schwächen zu Stärken aufzublasen und – in einer Art psychologischen Bodybuildings – die etwa schwach entwickelten seelischen Muskeln nun zu dicken Fitness-Paketen hochzutrimmen. Paradoxerweise hilft man dem, der sich schwach fühlt, am ehesten dadurch, daß man ihn dazu ermuntert, seine Schwäche zu akzeptieren, statt sich zu bedauern und die Aufmerksamkeit unentwegt auf denselben, nämlich wunden Punkt zu richten. Wir müssen also das widersprüchliche Kunststück vollbringen, von Ängsten, Schüchternheit und Unsicherheit zu reden, ohne den Blick ständig darauf zu fixieren und damit noch abhängiger zu werden. Am Ende des Buches werden Sie, liebe Leserin und lieber Leser, sagen können, ob Ihnen und mir dies gelungen ist.

Eisenbach-Oberbränd, im Frühjahr 1990

Ulrich Beer

Die Ästhetik des Schrecklichen

Da steht geschrieben
Des heitern, rosigen Mädchens
Grabenaher Fieberkampf;
Der Mutter Händeringen,
Des donnergerührten Jünglings
Wilde stumme Betäubung.

FRIEDRICH HÖLDERLIN
Die Bücher der Zeiten

Wunschdenken malt uns die Jugend, den Anfang des Lebens, so: Hoffnung und Schmelz, Anmut und Lachen, Liebe und Glück. In der Erinnerung färbt sich diese Traumphase allen Lebens heiter und rosig, vor allem die Mädchen. Schön vor allem müssen sie sein und dürfen dann auch schamhaft erröten. Wild ihnen gegenüber der junge Mann – davon schwärmen wir, erinnern uns der erlebten Anklänge daran und vergessen Fieberkampf, Händeringen, Donnerrühren und stumme Betäubung.

War Jugend nicht vor allem dies: Ängstlichkeit und Hemmungen, Minderwertigkeitsgefühle und Verzweiflung, Sorge um Konkurrenzfähigkeit und Zurückweisung, Pickel und Stimmbruch, Scham und Erwischtwerden, Ratlosigkeit und die Frage: Wozu gibt es mich?

Der Charme des Erzitterns und Errötens

Um die ganze Widersprüchlichkeit jugendlichen Erlebens deutlich zu machen, müssen wir gemeinsam einen Film mit jungen Leuten, und zwar Gruppenbilder und Großaufnahmen der Gesichter, ansehen. Die Kamera enthüllt nicht nur die Pickel und Poren, sondern leuchtet unerbittlich durch die Haut, hinein in alle Verlegenheiten, Ungelenkigkeiten und Schüchternheiten. Noch enthüllender aber ist die Sprache der Briefe, die junge Leute anonym an den bekannt-unbekannten Berater schicken. Aus diesen Briefen sei hier – gleichsam der Bildhaftigkeit halber – zunächst einmal ausgiebig zitiert. Dabei sind die hier wiedergegebenen Briefe noch die kürzeren, und ebenso auch meine Antworten.

Hilft es, dagegen anzukämpfen?

Ich leide seit Jahren an Erröten und Angstschweiß. Dieses habe ich mir angeeignet durch ein Erlebnis, das mir sehr unangenehm war. Ich kämpfe ständig dagegen an. Doch je mehr ich dagegen ankämpfe, desto öfter tritt dieses auf. Es ist mir sehr unangenehm, durch diese dumme Angewohnheit immer wieder aufzufallen. Können Sie mir einen Rat geben, wie ich diese Angewohnheit wieder loswerde? Hilft hier Akupunktur? Oder hilft Hypnose? Was würden Sie mir raten? An wen kann ich mich in diesem Falle wenden? Bitte, geben Sie mir unbedingt Nachricht (Hubert, 25).

Ich weiß, wie sehr man unter unerwünschten Erregungs-zuständen des vegetativen Nervensystems leiden kann, weil es mir selbst früher auch so ging. Ich weiß aber auch, daß man davon frei werden kann, und will Ihnen sagen wie.

Der Schlüsselsatz in Ihrem Brief heißt »Ich kämpfe stän-dig dagegen an!« Genau dies ist nämlich nicht möglich und führt zu keinem Erfolg. Sie selbst stellen das ja auch schon fest. Man muß also einen anderen Weg gehen. Es gibt zwei: Entweder Sie spielen das ganze Problem bei sich herunter und sagen sich: Es ist gleichgültig, was eintritt und wie ich reagiere. Ich achte nicht mehr darauf und nehme es einfach hin. Dann wird es mit der Zeit wahrscheinlich weniger werden und schließlich verschwinden, was Sie jetzt quält.

Der andere Weg ist paradox: Sie nehmen sich vor, zu er-röten oder zu schwitzen. Sie wollen es geradezu, und statt dagegen anzukämpfen, versuchen Sie, es herbeizuführen. Sie werden sehen, daß dies nicht gelingt. Aber Sie haben eine andere Einstellung dazu und können schließlich dar-über lachen und davon frei werden. Und das ist doch das Entscheidende, oder?

Akupunktur kann helfen, sicher auch Hypnose, aber der von mir beschriebene Weg hilft auch und wahrschein-lich ein wenig einfacher. Vor allem aber: Sie gehen ihn selbst und brauchen nicht die umständliche und eventuell kostspielige Hilfe eines anderen. Sie werden unabhängig, statt eventuell noch abhängiger. Ich bin sicher, daß Sie es schaffen können und dann darüber selbst am meisten froh sein werden!

Es fehlt mir an Selbstvertrauen

Gefühle, wie Angst, Herzklopfen, Beklemmung, Nervosität, treten bei mir immer wieder auf, sobald ich mich in mir fremder oder ungewohnter Gesellschaft befinde. Am wohlsten fühle ich mich in meinen eigenen vier Wänden, um mich von diesen mich depressiv stimmenden Gefühlen zu lösen. Sobald ich das Haus verlasse und mich in der Öffentlichkeit befinde, fühle ich mich nicht mehr so wohl. Am Wochenende, wenn ich mich mit meinen Freunden treffe, versuche ich, die depressiven Gefühle mit Alkohol zu beseitigen, was mir meistens auch gelingt. Am anderen Tage ärgere ich mich immer wieder, daß ich so viel getrunken habe und mir oft die Erinnerung an verschiedene Dinge fehlt.

Ein weiteres Problem ist mein Selbstvertrauen, das einfach nicht stark genug ist, um auch einmal allein in Diskotheken etc. zu gehen. Immer muß ich irgendeinen vertrauten Menschen um mich haben.

Mein größter Wunsch ist es, endlich mal wieder ein nettes Mädchen kennenzulernen, mit dem ich zusammen sein kann. Schon seit mehreren Jahren habe ich keine feste Beziehung mehr. Ich bin davon überzeugt, daß mir eine solche Freundschaft großen Aufschwung geben würde. Zu oft sehne ich mich nach Zärtlichkeit, Geborgenheit, und ich verzweifle, weil ich meine Schüchternheit nicht überwinden kann. Einfach hingehen, sie ansprechen und den ganzen Abend gemütlich miteinander verbringen. Es braucht nicht unbedingt eine feste Beziehung daraus zu werden. Das würde mir Sicherheit und Selbstvertrauen und Zufriedenheit geben. Wenn ich mir selber nur etwas mehr zutrauen würde (Peter, 17).

Indem Sie die Abhilfe so deutlich vor sich sehen, haben Sie schon fast den ersten Schritt getan. Den zweiten sollten Sie ohne großes Nachdenken tun: Wenn sich die Situation ergibt (und auch wenn Sie nicht durch Alkohol enthemmt sind), gehen Sie einfach auf ein Mädchen zu, das Ihnen gefällt und das nicht gerade offenkundiges Desinteresse gezeigt hat. Sie müßten schon sehr abschreckend wirken oder den ungeeignetsten Augenblick wählen, wenn nicht ein normales Mädchen für Zuwendung, Ansprache und Interesse durch einen jungen Mann aufgeschlossen wäre. Das Problem liegt darin, daß Sie die erste Schwelle einfach überspringen und das Weitere auf sich zukommen lassen müssen.

Eine wichtige Voraussetzung bringen Sie mit, nämlich daß Sie nicht von vornherein und um jeden Preis eine Dauerpartnerschaft erzwingen wollen. Ein zwangloses Gespräch, dem vielleicht ein zweites folgt, ist völlig genug und setzt Sie nicht unter einen Leistungsdruck, der Sie nur noch verklemmter macht. Wenn Sie den Mißerfolg mit einplanen und akzeptieren können, wird Ihnen der Erfolg leichter zufallen.

Ich werde immer gleich rot

Ich bin Sekretärin in einer Zeitungsredaktion, habe also mit vielen Leuten zu tun und bin, wie ich meine und wie mir auch bestätigt wird, ein lustiger und aufgeschlossener Mensch. Nur leide ich unter häufigem Erröten, was mich oft sehr deprimiert und mich in vielen Situationen recht unsicher macht. Wenn mir beispielsweise ein Mann sehr gut gefällt, lasse ich ihn das – gegen meinen Willen – prompt wissen, indem ich einen Kopf wie eine Tomate bekomme. Natürlich ist mir das dann sehr unangenehm, und ich möchte am liebsten in den Erdboden versinken. Folglich vermeide ich es aus Angst, diesen Personen zu begegnen, obwohl ich eigentlich nichts lieber hätte, als mit ihnen in Kontakt zu kommen. Doch nicht nur in solchen Situationen erröte ich. Auch wenn mein Chef mich tadelt oder ich jemandem gegenüberstehe, dem ich mich nicht »gewachsen fühle«, kommt es vor. Das können dann auch Frauen sein. Hinzu kommt, daß sich manche Leute darüber amüsieren und spöttisch sagen: Schau mal, sie kriegt wieder ihr rotes Köpfchen! Das macht mich dann doch ganz schön fertig. Noch jetzt spüre ich meine Verzweiflung, wenn ich mich an die Schulzeit erinnere. Wenn mich der Lehrer aufrief oder an die Tafel holte – ob ich nun was konnte oder nicht –, ich spürte, wie mir das Blut zu Kopf stieg. Ganz zu schweigen davon, wenn ich mal schwindelte. Schon seit eh und je habe ich mit aller Kraft versucht, dagegen anzukämpfen, aber der Erfolg war gleich Null. Gibt es für ein solches »Leiden« wirklich keine Hilfe? (Inge, 25).

Kein Wunder, daß Sie nie etwas dagegen ausrichten, denn es handelt sich um eine vegetative Störung, also um eine Reaktion des nicht vom Bewußtsein gesteuerten Nervensystems. Sie können dieser Reaktion aber sozusagen indirekt ein Schnippchen schlagen, indem Sie sich vor den beängstigenden Anlässen sagen: Und jetzt werde ich erröten, ich will erröten, ich zeige jedem, wie aufgeregt ich bin, dadurch, daß ich rot werde. Auf die Weise nehmen Sie sich die angstvolle Spannung und gewinnen Sicherheit. Mit der Zeit wird Ihnen das Erröten gleichgültig, und erst dann hört es allmählich auf. Versuchen Sie es nur einmal.

Ich bin viel zu schüchtern

Bitte, geben Sie mir einen Rat. Ich bin schon ganz verzweifelt wegen meiner Schüchternheit. Ich weiß nie, was ich sa-

gen könnte, wenn ich mit jemandem »rede«. Oft sitze ich nur stumm da, wenn sich Freunde unterhalten. Werde ich mal angeredet, weiß ich nicht, was ich sagen soll, und ich werde rot. Zu Hause fällt mir aber dann immer etwas ein, was ich hätte sagen können. Aber bei der Klasse benehme ich mich so, wie jedes andere 14jährige Mädchen. Man nennt mich auch schon komisch, was mich gar nicht wundert (Anne, 14).

Das Problem mit Schüchternheit und Erröten haben unzählige Menschen, nicht zuletzt Mädchen Deines Alters. Das hilft Dir zwar nicht viel, tröstet Dich aber doch vielleicht ein wenig. Und vor allem könnte es dazu beitragen, daß Du Dich nicht ganz soviel auf Dich selbst und Dein Leiden konzentrierst, denn dadurch wird es schlimmer. Es gibt zwei Möglichkeiten: Entweder Du nimmst es leicht, und es wird Dir zunehmend gleichgültig, oder Du nimmst es Dir sogar einmal bewußt vor, verlegen, schüchtern, unsicher zu werden und zu erröten. So bekommst Du den richtigen Abstand und erreichst damit gerade das Gegenteil, nämlich was Du im Grunde willst.

Ich gerate immer ins Zittern

Ich habe da ein großes Problem. Immer dann, wenn ich in das Blickfeld bestimmter Leute komme (z. B. hübsche Jungs oder Mädchen, die schöner sind als ich – und das scheinen alle anderen Mädchen zu sein), wird mir auf einmal ganz komisch, und ich kann nicht mehr richtig laufen, ich stolpere dann über meine eigenen Füße und falle jedesmal platt hin. Ich finde das sehr peinlich, Sie nicht auch? (Sabrina, 16).

Ja, wie Sie es schildern, ist es sicher etwas peinlich. Andererseits zeugt es aber auch davon, daß Sie sensibel und beeindruckbar sind. Ich würde mich nicht grundsätzlich dagegen wehren, denn dadurch wird es nur schlimmer. Ich würde versuchen, darüber zu lächeln, denn mit Humor gewinnt man Abstand von sich selbst und damit auch mehr Sicherheit. Im übrigen geht es mit der Zeit vorbei und gehört ein wenig auch zu dem Alter, in dem Sie sich jetzt befinden. Und Jugend, hat einmal jemand gesagt, ist der einzige Fehler, der sich von selbst legt.

Arroganz oder Selbstvertrauen

Wenn mir jemand, der nicht aus der Familie ist, bei einer sportlichen Betätigung oder auch nur alltäglichen Dingen zusieht, werde ich ganz steif. Mir gelingt dann nichts mehr. Eine Weile hatte ich richtige Minderwertigkeitskomplexe wegen meines Aussehens und meiner Hemmungen, die ich unbewußt hinter einer Wand aus Arroganz versteckt hielt. Deshalb hielten mich einige Klassenkameraden tatsächlich für eine arrogante Ziege. Unsicher fühle ich mich vor allem, wenn mir Leute zusehen, denen ich so gern beweisen möchte, daß ich was kann (wie es z. B. bei meinem Freund Thomas der Fall ist). Was kann ich dagegen machen? Wie kann ich Selbstvertrauen entwickeln und mein Wertgefühl für mich steigern? (Judith, 13).

Es kommt wahrscheinlich gar nicht darauf an, Dein Selbstwertgefühl zu steigern, sondern nur, eine gewisse Ausgewogenheit und Stabilität in Dir zu finden. Du bist einerseits etwas ängstlich und hast Hemmungen. Andererseits hilfst Du Dir, indem Du nach außen schroff, stolz und arrogant wirkst, um niemanden Deine Schwäche erkennen zu lassen. Dies nutzt Dir aber gar nichts. Deswegen wäre es besser, Du würdest ganz natürlich und locker auch Schwächen, Ängste und Komplexe zugeben. Die anderen könnten Dich dann leichter akzeptieren, und Du würdest dazugehören. Darum kommt es nicht so sehr darauf an, daß Du noch mehr wert bist oder Dich auch so fühlst oder es den anderen zeigst, sondern vielmehr darauf, daß Du Dich einfach so akzeptierst und Dich auch ganz natürlich so zeigst, wie Du bist. Dann werden Dich die anderen auch mögen und anerkennen. Du selbst wirst mit der Zeit die noch vorhandenen Lücken nach und nach ausgleichen können. Dies ist besser, als unbedingt einen sicheren und unantastbaren Eindruck machen zu wollen. Versuch's einmal!

Ich bin so schüchtern

Da ich sehr schüchtern und zurückhaltend bin, habe ich Schwierigkeiten im Kontakt mit anderen. Wenn ich einmal die Gelegenheit habe, mit anderen auszugehen, dann reden die anderen und albern herum. Ich aber sitze da und mache nicht mit. Gern würde ich mitmachen, doch schaffe ich es nicht, aus mir herauszukommen. Die anderen können das nicht verstehen. Meine Schüchternheit wird auch ausgenutzt. Ich habe Angst, etwas zu sagen, um mich durchzusetzen. Können Sie mir einen Rat geben, wie ich das ändern kann? (Gisela, 21).

Wichtig ist, daß Sie sich nicht zwingen, nicht schüchtern zu sein. Zunächst müssen Sie sich akzeptieren und einfach dabeisein und vielleicht nur von dem reden, was Sie bewegt und wovon Sie etwas verstehen. In einem Kreis mit nur albernen Menschen ist so etwas natürlich schwer. Ich würde mich dann einmal für Menschen interessieren, die die gleichen Interessen haben wie ich, mit denen ich dann auch etwas austauschen kann. So muß durch allmähliche Übung und dadurch, daß man das Problem als solches gar nicht mehr so wichtig nimmt, mit der Zeit schrittweise die Schwellenangst überwunden werden oder besser gesagt verschwinden. Je mehr Sie sich Ihre Schüchternheit und Hemmung bewußtmachen, um so mehr steigern Sie sie dadurch auch. Es ist wichtig, daß Sie sich zwischen dieser »Minusspirale« und der »Plusspirale« von Selbstvertrauen, Versuch, Erfolg und wachsendem Vertrauen entscheiden.

Ich habe gar kein Selbstbewußtsein

Mein Problem ist, daß ich, obwohl es nicht so wirkt, sehr unsicher bin und keinerlei Selbstbewußtsein besitze. Ich will immer nur so sein wie andere. Ich weiß nicht, wie ich Selbstbewußtsein gewinnen kann. Besonders fiel mir das auf, als ich mit meiner Freundin die Jacke tauschte (für immer), weil mir ihre besser gefiel und ihr meine. Nach einigen Wochen jedoch gefiel mir die ehemals meiner Freundin gehörende Jacke nicht mehr, und ich hätte gern wieder meine alte Jacke getragen.

Diese Feststellung hat mich sehr erschreckt, weil ich glaube, daß ich in meinen ganzen Meinungen, Interessen usw. zu sehr von anderen Menschen abhängig bin.

Bitte, helfen Sie mir und sagen Sie mir, wie ich es vermeiden kann, vollends zum Außenseiter zu werden. Ich denke oft, daß mit mir etwas nicht stimmt. Geistig bin ich ganz normal, denn in der Schule bin ich ziemlich gut, obwohl ich viel Zeit für mein Hobby, das Reiten, verwende. Oft glaube ich, daß andere von mir denken: »Ach, die kleine naive Angela.« Was soll ich dagegen machen? Woran liegt es bloß, daß viele mich als »dummen Bauerntrampel« sehen? Einerseits möchte ich mehr Selbstbewußtsein und Selbständigkeit erlangen, andererseits sehne ich mich danach, daß jemand mich in den Arm nimmt und zu mir sagt: »Ach, Angela, wir haben dich doch alle lieb« oder »Du hast doch uns«. Ist das nicht irgendwie schizophren? Können Sie mir sagen, was meine Fehler sind und was ich tun soll (Angela, 18).

Sie schildern Ihre Selbstwertprobleme sehr eindringlich und dezent. Sie müssen jetzt etwas Geduld mit sich haben, weil Ihre Probleme ja auch etwas mit Ihrem Alter zusammenhängen und sich zum Teil von selbst lösen werden.

Der Lösungsweg beginnt aber tatsächlich dabei, daß Sie sich akzeptieren, wie Sie nun einmal gebaut sind. Erst was ich akzeptiere, kann ich ändern. Bringen Sie einfach Ordnung in Ihre inneren und äußeren Dinge (zum Beispiel das Schriftbild: größere Zeilenabstände, mehr Rand, klarere Übersicht) und auch in die übrigen Bedingungen. Erwarten Sie nicht so viel von anderen, sondern nur das, was Sie selbst erbringen können. Akzeptieren Sie Ihr Alter, Ihre Stärken und Schwächen, und erwarten Sie von anderen einfach mal gar nichts. Gemocht und geliebt zu werden ist ein Geschenk, und man sollte es nicht beanspruchen. Daß Leistung und Charaktereigenschaften und ähnliche Verdienste hier eine große Rolle spielen, ist in unserer egoistischen Gesellschaft nun einmal so: Es sind die Tauschwerte, die wir einbringen und von denen die anderen sich dann auch etwas versprechen. Ich glaube, daß Sie im Grunde alles mit einem etwas kindlichen Idealismus (um nicht zu sagen Wunschdenken) sehen. Sie können die Härten, Unzulänglichkeiten und Schwächen nicht recht hinnehmen. Das müssen wir aber nun einmal, wenn wir erwachsen werden, und genau das steht Ihnen ja bevor und ist sozusagen kalendarisch in Ihrem Alter an der Tagesordnung.

Irgendwann lernt man, sich und das Leben, so wie es ist, zu lieben, trotz aller Schwächen, und dann geht alles plötzlich viel besser.

Ich wünsche Ihnen, daß Ihnen dieser Durchbruch gelingt.

Zum Glück ist häufig das ganze Problem von Schüchternheit, Hemmungen, Erröten, Angstschweiß und Zittern nur ein vorübergehendes. Für die meisten Menschen ist es mit der Pubertät verbunden und geht mit dieser. Sie haben sich auf ihre eigenen Stärken besonnen, Anerkennung in der Umwelt verschafft, Beachtung und vielleicht sogar Liebe bei einem Partner gefunden – und damit sind meistens die Selbstwertzweifel ein Problem der Vergangenheit.

Wie ist es aber, wenn sie mit Eigenheiten ihres Trägers verbunden sind und dieser sich von der Natur benachteiligt fühlt?

Schön häßlich

Die Selbstsicherheit hängt bei uns allen auch mit unserem Erscheinungsbild zusammen. Wir möchten strahlend und schön, zumindest aber ansprechend und sympathisch und – wenn wir ganz bescheiden sind – wenigstens normal und unauffällig wirken. Aber was ist mit denen, die die Natur – wie es so unschön heißt – benachteiligt und für etwas bestraft zu haben scheint, das sie meistens gar nicht getan haben? Und sie bilden eine riesenhafte, unübersehbare und ungezählte, weil schweigende, aber starke Minderheit: die zu Langen oder zu Dicken, die mit zu großem oder zu kleinem Busen, die mit zu langer Nase oder mit abstehenden Ohren Gezierten, die mit fistelnder Stimme oder einem falschen Namen Versehenen. Auch hiervon zeugen die Briefe in großer Zahl. Hier nur ein kleiner Ausschnitt – und wieder meine Antwort gleich dabei:

Gehänselt wegen des Aussehens

Da ich zu Hause mit niemandem sprechen kann, wende ich mich an Sie: Ich habe in letzter Zeit Komplexe. Meine Kameraden hänseln mich wegen meines Aussehens. Ich habe zwar rote Haare, große Füße und abstehende Ohren, aber ich finde, daß das Äußere kein Grund sein sollte, so über einen herzufallen, wie meine »Freunde« es tun. Da ich sensibel bin, werde ich immer unsicherer und ziehe mich mehr und mehr zurück. Ich wage gar nicht mehr, abends wegzugehen. Auch meine Leistungen im Beruf leiden unter meinen Schwierigkeiten (Franz, 17).

Sie brauchen Menschen, mit denen Sie sprechen können, und Sie sollten sie mit allen Mitteln suchen. Wer Sie wegen solcher Äußerlichkeiten hänselt oder ärgert, verdient nicht Ihre Aufmerksamkeit. Suchen Sie sich Freunde und Bekannte, die Ihre menschlichen Qualitäten kennen und schätzen, und verbergen Sie sie nicht. Wichtig ist, daß Sie selbst zu sich ja sagen, wie Sie nun einmal sind. Übrigens sind Menschen, die aussehen wie aus dem Herrenjournal ausgeschnitten, oft langweilig. Originelle Charaktere haben meistens auch etwas Auffälliges im Äußeren. Entschließen Sie sich darum einfach, das, womit Sie auffallen, als Merkmal Ihrer Originalität und Besonderheit anzusehen und wirklich zu bejahen. Sie werden sich glücklicher fühlen und auch die anderen davon überzeugen. Ganz bestimmt!

Bin ich so häßlich?

Wenn andere das Wort »scheußlich« oder »häßlich« benutzen, denke ich, daß ich gemeint bin. Aber es gibt an mir eigentlich nichts Scheußliches oder Häßliches. Ich habe eine Traumfigur und bin immer sehr modisch gekleidet und geschminkt (ich spare nicht an Geld in Sachen Kleidung). Aber trotzdem habe ich diese Komplexe. In meiner Klasse ist einer, der immer sagt: »Mann, ist die häßlich.« Das nimmt mich immer sehr mit, was ich demjenigen natürlich nicht zeige. Es sind überhaupt viele in der Schule gegen mich – aber warum?

Aber oft, wenn ich auf der Straße bin, gucken mir viele Männer hinterher (positiv gemeint). Das ist wenigstens ein Lichtblick. Aber warum mögen mich so viele nicht, warum höre ich so oft: »Mann, ist die häßlich«? Okay, ich bin immer sehr stark geschminkt und sehr elegant gekleidet, aber das ist doch kein Grund, jemanden zu hassen und dazu noch zu verletzen.

Was soll ich denn machen? Ich halte es nicht mehr aus! Mit meinen Eltern, die die besten der Welt sind, kann und möchte ich nicht reden. Sie würden sowieso das wirkliche Problem nicht entdecken und nur sagen, daß alles Einbildung sei. Ich werde von meinen Eltern sehr verwöhnt, darf alles und bekomme alles, was ich will. Dementsprechend verschwende ich auch das Geld (z. B. sind hundert Mark kein hoher Betrag für mich). Aber ich gebe nicht damit an, und eingebildet bin ich auch nicht (Denise, 17).

Wahrscheinlich sind Sie wirklich einfach verwöhnt und anspruchsvoll. Sie möchten die Erste und Beste sein und putzen sich deswegen auch ein wenig übermäßig heraus. Darauf reagiert die Umwelt mit Abwehr. Man spürt, wie man Sie ärgern kann, und prompt sind Sie an Ihrer empfindlichsten Stelle getroffen.

Versuchen Sie einmal, nicht mehr zu sein und zu gelten als andere, auch andere zu beachten und anzuerkennen. Je normaler Sie sind und wirken wollen, desto eher werden Sie anerkannt.

Sommersprossen quälen mich

Wegen meiner Sommersprossen habe ich sehr große Hemmungen. Ich trage immer langärmelige Blusen oder Pullover und schminke mich immer übermäßig. So sieht man es zwar nicht, doch dadurch wirke ich immer unnatürlich. Ich gehe auch schon gar nicht mehr abends oder auch tagsüber weg, außer es muß unbedingt sein. Schon in der Schule wurde ich deswegen gehänselt, und das setzt sich jetzt auf meiner Arbeitsstelle fort (in die Schule und zur Arbeitsstelle ging ich und gehe ich ungeschminkt). Ich habe sogar schon daran gedacht, mich umzubringen, doch das klappt auch nicht. Mit meinen Eltern kann ich darüber nicht reden, denn sie haben dafür kein Verständnis (Renate, 18).

Einerseits verstehe ich Ihre Gefühle – andererseits muß ich Ihnen sagen: Sommersprossen sind keine Gesichtspunkte. Es gibt zum Beispiel viele Männer, die Sommersprossen ausgesprochen gern mögen und darauf fliegen. Gut: Männer sind nicht der einzige Maßstab. Man muß sich selbst auch mögen. Aber könnten Sie nicht das zuerst bringen und dann einmal beobachten, wie die Umwelt reagiert? Sie werden überrascht sein, nämlich: positiv und unproblematisch.

Bei Schönheitsproblemen hängt das meiste davon ab, wie man sich selber beurteilt. Das kann einem keiner abnehmen: Deshalb »Mut zu mir« muß die Devise heißen!

Ich fühle mich zu groß

Die Natur meinte es mit meiner Körpergröße besonders gut. Ich bin 1,92 Meter groß, zwar wohlproportioniert – wie alle sagen –, aber einfach »großartig«. An mir ist alles groß. Ich habe Schuhgröße 44. Viele Jahre suchte ich vergebens einen zu meiner Körpergröße passenden Freund. Dies war und ist unsagbar schwer.

Seit drei Monaten wohne und lebe ich nun mit einem 32jährigen Mann zusammen. Vom Wesen und Charakter her ist er schlichtweg mein Traummann. Wir verstehen uns prächtig – nur, er ist mir körperlich in allen Belangen unterlegen: Er ist nur 1,77 Meter groß. Da ich gern Schuhe mit hohen Absätzen trage, bin ich dann ab und zu glatte zwei Meter groß; er ist dann praktisch um fast mehr als einen

Kopf kleiner. Da er sehr selbstbewußt ist, stört ihn der Grö-
ßenunterschied offensichtlich gar nicht. Mir kommen je-
doch in letzter Zeit immer mehr Zweifel, bei aller Überein-
stimmung, eine dauerhafte Beziehung mit einem kleineren
Mann anzustreben.

Ich liebe ihn zwar, aber ich habe schon Komplexe, wenn
die Leute – von meinen oder seinen Eltern ganz abgesehen
– uns nur zusammen sehen. Dazu kommt, daß ich mich
nicht traue, mit jemandem über die Sache zu reden, am we-
nigsten mit meinem Freund. Ich habe Angst, ihn dadurch
zu verunsichern (Rita, 27).

Da er, wie Sie schreiben, ja sehr selbstsicher ist, könnten
Sie ihm die eigenen Probleme wohl zumuten. Sie selbst
fühlen sich erleichtert, wenn Sie die Sache ansprechen, und
vielleicht wird dadurch das Problem schon geringer oder
ist gar nicht mehr vorhanden. Außerdem betrifft es ihn ja
auch, und er müßte wissen, wie Sie empfinden, und kann
sich dann dazu äußern und Ihnen vielleicht auch helfen.
Denn daß Sie deswegen auseinandergehen, ist doch wohl
unwahrscheinlich. So reich sind die Männer auch nicht ge-
sät, die größer sind als Sie. Deshalb finde ich es doch einen
besonderen Glücksfall, wie Sie es jetzt getroffen haben, und
meine, es wäre ganz vernünftig, diese Beziehung nicht zu
gefährden. Aber das wissen Sie im Grunde ja auch selbst.

Angst vor Menschen

Ich traue mich nicht, einkaufen zu gehen. Sonst erledigt
mein Freund das für mich, aber wenn er keine Zeit hat und
ich einkaufen gehen muß, habe ich Angst. Mein Freund
weiß davon nichts. Ich erfinde jedesmal eine andere Aus-
rede. Vor Jahren hatte ich einen schweren Autounfall. Da-

bei erlitt ich Schnittwunden im Gesicht, die jedoch, so gut es ging, operiert wurden. Jedesmal, wenn ich aus dem Haus gehen muß (zur Apotheke oder so), bekomme ich Angst. Es beginnt mit Schwitzen, es folgt Zittern. Ich werde ganz blaß im Gesicht, und mir ist so, als würde ich in Ohnmacht fallen. Ich wohne noch nicht lange in diesem Ort. Ich zog kürzlich hierher zu meinem Freund. Ich gehe nur manchmal aus dem Haus, wenn ich mit dem Hund nach draußen muß. Sonst bin ich ganz allein zu Hause. Ich kenne hier auch niemanden. Manchmal habe ich Kontakt zu meinem Bruder und Opa (bei denen bin ich aufgewachsen). Das ist die einzige Abwechslung, die ich habe. Zur Zeit bin ich auch arbeitslos. Ich dachte schon, der Grund für meine Anfälle wäre der Kreislauf, aber ich bin unter ständiger Kontrolle beim Arzt wegen meines Diabetes und bin gesundheitlich soweit in Ordnung. Ich weiß jetzt nicht mehr weiter. Können Sie mir helfen? (Verena, 24).

Wenn die Schnittwunden im Gesicht die Ursache für Ihre Angst sind, so müssen Sie sich dazu bekennen und diese Wunden beziehungsweise Narben tragen, als ob sie zu Ihnen gehören. Schließlich können Sie sie nicht mehr rückgängig machen, und nun sind sie ja ein Teil von Ihnen.

Zu sich bekennen: Das ist überhaupt das Wichtigste bei der Überwindung derartiger Menschenscheu. Ich nehme mich so, wie ich bin, und erwarte von den anderen, daß sie es auch tun. Dann tun sie es erstaunlicherweise meistens auch. Dabei sollten Sie sich nie überfordern, sondern ganz langsam Schritt für Schritt die Ausflugskreise erweitern. Sobald Sie Angst bekommen, wieder umdrehen und nie gewaltsam die Angst überwinden, aber doch langsam immer weiter durch Erfolgserlebnisse gegenstandslos machen. Wenn Sie es allein und mit Ihrem Freund nicht schaffen, gibt es auch relativ leichte Verhaltenstherapie.

Ich mag meinen Namen nicht

Ich mag meinen Namen nicht, aber ich schäme mich, es meiner Mutter zu sagen. Manchmal weine ich abends lange, weil ich meinen Namen nicht mehr hören kann. Erst wurde ich gut damit fertig, weil mir kein Mädchenname gefiel, aber dann sagte meine Mutter: »Eigentlich solltest du ja Nike heißen.« Und da fand ich den Namen, den ich mir wünschte. Ich schäme mich so sehr, daß ich nur mit Tieren und mit dem Mond darüber spreche (Susanne, 9).

»Nike« ist zwar auch ein schöner Name – der einer griechischen Siegesgöttin. Aber seit neuerdings Raketen so heißen, finde ich ihn weit weniger schön als »Susanne«. Was hast Du gegen den Namen? Er ist doch ein sehr schöner, weiblicher und klangvoller Name. Daß man ihn eventuell in »Susi« abkürzt und dabei auch noch lispelt, ist eine andere Sache. Aber das ändert sich ja gewöhnlich, wenn man erwachsen wird und immer mit dem ungekürzten Vornamen unterschreibt. Vielleicht ist dies auch gar nicht der Grund bei Dir, aber was dann? Wenn man seinen Namen nicht mag, spricht das meistens dafür, daß man sich selbst nicht gut findet. Hier solltest Du ansetzen: Akzeptiere Dich, wie Du bist! Laß Dich darin auch nicht irre machen durch andere, die vielleicht spotten und lachen. Halte Dich an die Menschen, die Deinen Wert erkennen und die wissen, was sie an Dir haben. Dann mögen sie auch Deinen Namen. Warum solltest Du selbst ihn dann nicht mögen? Also nicht der Name ist wahrscheinlich an Deinem Verdruß schuld, sondern Deine schiefe Einstellung zu Dir selbst, und die mußt Du unbedingt ändern, denn damit kann man auf die Dauer nicht leben. Du mußt aber die erste sein, denn wer soll sonst ja zu Dir sagen und Dich mögen, wenn Du es selbst nicht tust?

Ich bin einfach zu schüchtern

Ich bin ziemlich zurückhaltend und habe Kontaktschwierigkeiten. Da ich 176 cm groß bin, habe ich auch Komplexe wegen meiner Länge. Wenn ich einen Jungen sehe, der mir gefällt, fange ich an zu zittern und traue mich nicht einmal, ihn anzuschauen, und noch weniger, ihn anzusprechen. Im Bett heule ich und bedaure mich selbst. Das macht mich total fertig. Allein der Gedanke, daß ich später immer allein bleiben muß, macht mir angst. Zu Hause kann ich nicht darüber sprechen, die verstehen mich nicht. Im Gegenteil, man lacht mich noch aus. Und in der Firma, in der ich arbeite, ist die Stimmung auch nicht besonders gut. Ich glaube nicht, daß ich so weiterleben kann. Ich leide nicht nur seelisch, auch meine körperliche Verfassung ist nicht sehr gut. Innerhalb von vier Monaten habe ich fünf Kilo abgenommen. Bitte helfen Sie mir (Evelyn, 21).

Was Sie schreiben, ist schon eine regelrechte Torschlußpanik. Und die führt erfahrungsgemäß zu den gefährlichsten Folgen. Sie müssen sich einmal ganz zurückziehen, auf sich besinnen und sich über ein paar Punkte klarwerden: Ich kann mir keinen Partner backen und Liebe nicht erzwingen. – Ich werde durch die Panik und den unbedingten Wunsch nach einem Partner blind und erwische so vielleicht den falschen. – Ich habe selbst genug Werte, über die ich mich freuen kann und die irgendwann ein anderer entdeckt. – Es gibt genug Männer über 1,76 Meter groß, und selbst wenn er ein bißchen kleiner sein sollte, ist das noch kein Fehler. – Ich bin jung und habe noch viel Zeit, ich muß es nur selbst glauben und danach leben.

Wenn Sie zu diesen Erkenntnissen und Einsichten gekommen sind, werden Sie Fehler vermeiden und den Richtigen finden, glauben Sie mir.

Gerade die Probleme der Körperlänge – zumal, wenn sie nicht einmal so ausgeprägt ist wie etwa im letzten Beispiel – taucht vor allem auf dem Hintergrund der Partnersuche und als Vergleichsgröße mit dem erhofften Partner auf. Auch sonst sind die Probleme von Schönheit und Häßlichkeit keine absoluten. Sie ergeben sich meistens aus dem Vergleich, bei dem man ungünstig abzuschneiden fürchtet. Dabei ist oft eine markante Nase oder ein kräftiges Kinn, sind Sommersprossen oder zusätzliche Zentimeter für viele potentielle Partner von besonderem Reiz. Aber wer weiß und wer glaubt das schon? Und hierin äußert sich eben, daß die Probleme keine objektiven, aber auch nicht nur relative in bezug auf andere sind. Sie sind meistens »hausgemacht« und hängen mit der eigenen Selbsteinschätzung und dem persönlichen Selbstwertgefühl zusammen. Wer sich nicht als Menschen, wie er ist und wie ihn der Schöpfer so unverwechselbar und individuell gestaltet hat, akzeptieren kann, wird immer auch Gründe und Zielpunkte der Selbstkritik finden. Wer allerdings die Grundentscheidung positiv gelöst hat, dem werden auch die Ohren oder die Schuhnummer von untergeordneter – durchaus nicht von keiner – Bedeutung sein. Und in schlimmsten Fällen kann man tatsächlich eine kosmetische Operation erwägen. Die meisten aber, die sie wählen, hoffen voreilig, ihre ganz im Psychologischen beheimateten Selbstwertprobleme damit lösen zu können. Nicht wenige sind auch mit der ersten Operation nicht zufrieden, sondern entscheiden sich für eine weitere oder sogar noch eine dritte, die schließlich alle Unebenheiten und Makel ausbügeln soll. Aber die Probleme werden dadurch in aller Regel nicht gelöst.

Kontaktsehnsucht –
nur fehlen Selbstbewußtsein und Mut

Besonders quälend wird das Selbstwertproblem, wenn es einem den Weg zum erträumten Partner versperrt, wenn es uns isoliert und einsam macht. Hier kann sehr schnell eine unselige Verkettung beginnen: Ich traue mich nicht, habe keine Erwiderung, fühle mich unfähig, ersehne die Liebe um so heißer, je weniger sie erwidert wird, und grabe mich schließlich ein in das Gefängnis meiner angenommenen Unfähigkeit und Ungeliebtheit.

Auch hiervon zeugen zahllose Briefe, wie ich sie täglich erhalte:

Zu wenig selbstbewußt

Mir fehlt mein Selbstbewußtsein. Wenn mir Kollegen oder Vorgesetzte einen Auftrag geben und ich verstehe es nicht ganz, gerate ich oft in Panik. Ich war in meinem ganzen bisherigen Leben Sticheleien ausgesetzt. Hat das damit etwas zu tun? Ich bin auch immer noch ungewollt ohne Freundin. Ich habe Angst vor dem ersten Geschlechtsverkehr (wenn es den überhaupt bei mir jemals geben wird) und lehne die Einsamkeit oft gar nicht ab. Was ist mit mir los? Ich bin manchmal froh gelaunt, aber leider auch aggressiv. Wenn das so weitergeht, sehe ich schon den Tag voraus, an dem niemand mehr mit mir spricht. Helfen Sie mir bitte. So wie ich jetzt bin (intolerant, aggressiv, aber auch lustig und freundlich), kann ich mich nicht leiden (Frank, 20).

Wenigstens haben Sie Ihr Problem deutlich erkannt und können es auch offen aussprechen. Das ist oft schon der erste Schritt – der entscheidende meistens –, um das zu überwinden.

Sie müssen sich jetzt selbst bemühen, aus der Isolation herauszukommen. Gibt es Menschen, zu denen Sie etwas mehr Kontakt haben als zu anderen und die Ihnen wichtig sind? Dann gehen Sie auf sie zu, und suchen Sie die Verbindung. Haben Sie Interessen oder Hobbys? Dann schließen Sie sich einer Gruppe an, in der Sie diesen Hobbys nachgehen können. Dort lernen Sie dann von selbst auch Menschen kennen. Und irgendwann werden Sie dann auch – vor allem wenn Sie nicht panisch und verzweifelt suchen, sondern mit einiger Ruhe und Gelassenheit vorgehen – eine Partnerin finden, die zu Ihnen paßt. Sie sind ja noch jung genug. Wichtig ist, daß Sie die ersten Schritte in die richtige Richtung tun und darauf vertrauen, daß alles Weitere sich dann schon entwickeln wird. Sie werden dann bald Erfolg feststellen.

Ich bin ziemlich schüchtern

Ich bin ziemlich schüchtern und menschenscheu. Deshalb habe ich sehr wenig Bekannte. In der Schule bin ich ein Einzelgänger; ich wiederhole zur Zeit die Unterstufe einer höheren Handelsschule. Da ich sitzengeblieben bin, dürfte es mir nicht mehr so schwerfallen, einigermaßen in der Schule mitzukommen.

In den letzten Wochen habe ich des öfteren die Schule geschwänzt, geschweige denn Hausaufgaben gemacht. Zu dem ganzen Schulfrust kommt noch hinzu, daß ich häufig depressiv bin. Ich habe aber auch öfter das Bedürfnis, aggressiv gegenüber anderen Menschen zu sein. Ich weiß nicht, was mit mir los ist, aber in mir lodert ein Feuer, das eines Tages ausbrechen wird. Davor habe ich Angst.

Ich hatte noch nie eine Freundin, geschweige denn, daß ich jemals ein Mädchen geküßt habe. An meinem Äußeren kann es meiner Meinung nach nicht liegen, da ich nicht schlecht aussehe. Mein größter Wunsch ist es, wieder glücklich und ausgeglichen zu sein, so wie früher, als ich noch Spaß am Leben hatte. Können Sie mir helfen, mein Leben positiver zu gestalten? (Jens, 18).

Wichtig ist, daß Sie Ihre positiven Antriebe, Wünsche, Impulse auch wirklich realisieren und umsetzen. Jeder braucht wohl einen Ausgleich für die Schule. Könnte das nicht ein Hobby sein? Wie wäre es, wenn Sie in einen Verein gingen, in dem auch Mädchen sind, und dann über ein Hobby, eine Sportart, Musik, Lektüre, Wandern oder was immer, Menschen kennenlernen und mit ihnen in Austausch kommen? Irgendwann ist vielleicht jemand dabei, dem Ihre Freundschaft wichtig ist und umgekehrt. Dann ergibt sich die positive Gestaltung des Lebens von selbst.

Mit anderen Worten: Ich rate Ihnen, unter Leute zu gehen und sich aktiv zu betätigen auf einem Gebiet, das Sie interessiert und wo Sie sich auch ein wenig sicher fühlen können. Im übrigen nichts erzwingen. Alles übrige kommt dann von selbst.

Mir fehlt einfach der Mut

Ich habe mich in ein Mädchen verliebt, das ca. fünf Jahre jünger ist als ich. Ich habe dieses Mädchen vor ungefähr vier Monaten zum ersten Mal gesehen und kenne es auch nur vom Sehen. Ich glaube, daß ich diesem Mädchen nicht ganz unsympathisch bin, da wir uns in die Augen sehen,

*wenn wir uns begegnen, und sie sich nach mir umdreht. Ich
muß pausenlos an dieses Mädchen denken und würde es
gern kennenlernen. Mir fehlt aber der Mut, es anzusprechen. Ich habe schon überlegt, ob ich vielleicht einen Brief
schreiben oder Blumen schicken soll. Ich bin kein Mann,
der ein Abenteuer sucht und Bekanntschaften sammelt wie
andere Leute Briefmarken. Ich bin sehr schüchtern und
habe Angst, mir einen Korb zu holen. Wie soll ich mich verhalten? (Martin, 25).*

Welchen Weg Sie auch einschlagen, einen Brief, einen Blu-
menstrauß oder eine persönliche Bekanntschaft, sie wird
sich angesprochen und geschmeichelt fühlen. Nun ist die
Frage, welches ist der geschickteste Weg? Machen Sie persönlich einen guten und gewinnenden Eindruck, dann
würde ich diesen Weg wählen. Ein Brief kann leicht etwas
altmodisch wirken. Da Sie aber eine ansprechende Schrift
haben, ist dies auch nicht verkehrt. Und über Blumen freut
sich jedes Mädchen und jede Frau, und deswegen ist auch
das nicht falsch. Jedenfalls tun Sie etwas, wenn sie Ihnen
wichtig ist. Sie werden sehen, was Sie auch machen: Falls
sie Ihre Gefühle auch nur entfernt erwidert, wird sie es Ihnen zeigen.

Ich habe an nichts mehr Freude

*Ich unternehme nichts, betreibe kein Hobby mehr und zer-
breche mir den Kopf, woran das alles liegen könnte. Ich
glaube, daß das daher kommen könnte, daß ich keine Be-
zugsperson hatte. Als ich aber ein Mädchen kennenlernte,
das mir auch gut gefiel, mußte ich feststellen, daß das auch
nicht die Lösung meiner Probleme war. Ich bekam wieder
Depressionen und verlor das Mädchen (was mich jedoch*

kaltließ). Seit Tagen liege ich nur noch im Bett, stehe nicht auf, schlafe den ganzen Tag. Ich habe auch schon an Selbstmord gedacht, da ja alles sinnlos ist. Ich bin auch sehr sensibel, so daß ich mit keiner Komplikation fertig werde. Ich habe eine Lehre hinter mir, die mir überhaupt nicht lag und mich kaputtmachte. Ich glaube, daß mein Leiden von daher kommt. Früher war ich ein Mensch voller Freude. Materiell habe ich inzwischen alles, was man sich wünschen kann, so daß ich nicht mehr weiß, wohin mit meinem Geld. Vielleicht ist auch das die Ursache, denn wenn man in meinem Alter alles hat, ist das nicht gerade vorteilhaft. Früher war ich auch mit Freunden zusammen, was auch sehr lustig war. Als ich jedoch die Lehre begann, trennten sich die Wege, und seitdem habe ich keine Beziehung mehr zu ihnen. Ich bin in jeder Hinsicht unzufrieden. Meine Stimmung wechselt auch ständig (Maik, 20).

Es fehlt Ihnen offenbar an einem wirklichen Lebensinhalt. Wahrscheinlich kommen Sie nicht über die Freizeit, über Hobbys oder über Freunde zu einer neuen Ausrichtung, sondern über eine Aufgabe. Ich würde einmal überlegen, was dies sein könnte, und mich dann für eine wirklich gute Sache engagieren. Achten Sie aber darauf, daß Sie nicht in die Fänge irgendwelcher Manipulierer geraten, einer Sekte oder einer radikalen Gruppe anheimfallen, sondern halten Sie sich an bewährte und gut begründete Angebote (Kirchen, Wohlfahrtsverbände, Parteien, Naturschutzvereinigungen, Umwelt-Projekte oder Friedensbewegung). Es gibt heute so viele Aufgaben und auch Einrichtungen und Aktivitäten, für die junge und gesunde Kräfte benötigt werden, daß Sie auch Gebrauch davon machen sollten. Plötzlich bekommt Ihr Leben wieder einen Sinn, eine Zielsetzung, Sie wissen, wozu Sie da sind, und alles macht wieder mehr Freude. Ich würde diesen Weg einmal konsequent gehen und auch vor Aufwand und Mühe nicht zurückschrecken, denn wofür wir etwas opfern, das ist uns etwas wert.

Ich bin so schüchtern

Ich lebe mit meiner Mutter wie Hund und Katze. Mein achtjähriger Bruder wird vorgezogen bis zum Geht-nicht-Mehr. Wenn er Quatsch oder etwas kaputtgemacht hat, sagt er, ich war es. Auch wenn ich es abstreite, meine Eltern glauben ihm. Wenn ich dann aber sage, er war es, dann gibt es zwischen mir und meinen Eltern wieder Streit, weil sie mir nicht glauben. Ich bin sehr schüchtern. Deshalb kann ich mich nicht durchsetzen und fange schnell an zu weinen. Was kann ich nur machen? (Sandra, 12).

Prüfe Dich zunächst, ob Deine Eltern irgendeinen Grund haben, dem Bruder zu glauben und Dir nicht. Falls Du Dir nicht ganz klar bist, solltest Du auf jeden Fall nicht den geringsten Anlaß dazu geben, Dir zu mißtrauen. Dann allerdings mußt Du dies auch laut und deutlich vertreten, bis Du die anderen überzeugt hast, daß sie Dir vertrauen können. Dies ist keine Frage der Durchsetzung – die würde Dir bei dem Altersunterschied ja wahrscheinlich nicht schwerfallen –, sondern wirklich der Glaubwürdigkeit, die Du bei Dir selbst und anderen hast. Nur so kann man Dich ernst nehmen. Wenn man es dann nicht tut, würde ich vielleicht jemand anders, einen Onkel oder eine Tante, zu Rate ziehen, der/die mit den Eltern einmal spricht.

Wie komme ich aus meiner Isolation?

Im Laufe vieler Jahre habe ich um mich herum eine große graue Mauer aufgebaut. Seit einigen Monaten versuche ich, wenigstens ein wenig aus meiner Isolation herauszukommen. Leider ist aber das Gegenteil der Fall. Mittlerweile bin ich so weit, daß ich mit keinem mir nicht völlig bekannten Menschen reden kann. Ich finde keinen Gesprächspartner mehr. Auch Freunde habe ich nicht mehr. Meine Eltern und Verwandten sind keine Gesprächspartner für mich. Überall fühle ich mich beobachtet. Seit kurzem habe ich den Gedanken, ein »Aussteiger« zu werden. In besonderen Situationen habe ich sogar Selbstmordgedanken. Wie soll ich aus meiner Isolation noch herauskommen? (Thorsten, 17).

Ihr Brief zeigt wieder einmal, wie wichtig menschliche Kontakte für das Wohlbefinden, ja sogar für ein menschliches Überleben sind. Trotzdem würde ich nicht mit Selbstmordgedanken spielen, sondern mit meiner Einsicht Ernst machen, die Isolation zu durchbrechen. Die ersten Schritte haben Sie ja schon getan, und nun kommt alles darauf an, daß Sie einen Schritt vor den anderen setzen: Sich umschauen, wo gibt es Gruppen und Vereine, die mir etwas bieten können und wo ich mich umgekehrt auch einsetzen möchte? Wo gibt es Gleichgesinnte und Menschen, mit denen ich sympathisiere, die ich gern einmal einladen würde, bei denen ich mich gern aufhalten und von denen ich mich einladen lassen möchte? Welches Hobby und welche Liebhaberei könnte ich pflegen? Meistens sind damit nämlich auch Kontakte verbunden. Kurz: Ich muß also aktiv etwas tun, wenn ich passiv etwas erreichen will. Mit dieser Grundeinsicht und ihrer Befolgung kann der Erfolg gar nicht ausbleiben.

Ich habe immer Angst

Ich habe unheimliche Schwierigkeiten, in der Öffentlichkeit zu reden, da ich rot anlaufe, meine Gedanken schlagartig verwirrt sind und ich keine Kontrolle mehr über meine Stimme habe. Früher hatte ich Angst, in den Keller zu gehen. Doch noch größer war die Angst, das zuzugeben. In der Grundschule saß ich immer brav auf meinem Stuhl, ohne einen Ton von mir zu geben. Obwohl meine Lehrerin auf dem Zeugnis vermerkte, daß ich Kontaktschwierigkeiten hätte, hielt keiner es für nötig, mir zu helfen. Auch in der Pubertät konnte ich mit niemandem über meine körperlichen und seelischen Veränderungen sprechen. Meine Mutter spottete sogar, daß es bei mir sowieso noch nichts zu sehen gäbe.

Aber noch heute habe ich vor der kleinsten Kleinigkeit Angst. Allein wenn mich jemand (unbewußt) »schräg« ansieht, gerate ich in Panik.

Diese Situation ist auf die Erziehung meiner Eltern zurückzuführen. Ständig höre ich: »Dafür bist du noch nicht alt genug«, »Du störst«, »Du machst alles falsch«, »Abends ist nur Zeit für Erwachsene«, »In deinem Alter hat man noch keine Probleme«. Immer wurde ich kritisiert und verspottet. Nie hörte ich ein liebes Wort, ein Lob, eine Erheiterung.

Ich glaube, daß ich bald psychotherapeutische Hilfe brauche, da ich mir so minderwertig vorkomme. Ich muß mir einfach alles von der Seele reden, aber ich weiß nicht bei wem (Nicole, 17).

Ihr Gefühl ist sicher richtig, daß Sie jetzt einen Menschen brauchen, mit dem Sie sich rückhaltlos aussprechen können. Und wenn es so viel ist, was Sie bedrückt, und wenn Sie so schwerwiegende Zweifel an sich selbst haben, ist wirklich eine vorübergehende psychotherapeutische Begleitung wichtig und richtig. Sie hilft Ihnen auch, den Mut zu finden, sich anderen Menschen zuzuwenden und auf sie zuzugehen. Denn, wie Sie schon selbst spüren, bringt es nichts, sich im Eckchen zu vergraben und darüber nachzugrübeln, wie schlecht es einem geht.

Ich meine, Sie müßten auf drei Ebenen arbeiten: Die eine ist die therapeutische oder selbsttherapeutische. Die zweite Ebene ist die des Kontaktes. Hier heißt es: Raus aus der Isolation, dorthin, wo Menschen sind, sich einer Gruppe anschließen, sich für irgend etwas engagieren, was Ihnen wichtig ist, und sich selbst dabei vergessen. Und die dritte Ebene ist die einer Partnerschaft. Über kurz oder lang werden Sie jemanden finden, mit dem Sie sich besonders gut verstehen und mit dem Sie über eine gewisse Zeit auch Ihr Leben teilen.

Ich würde das eine nicht ohne das andere tun, und in jedem Falle wird es Ihnen dann schon bald besser gehen, wenn Sie überhaupt einen ersten Schritt in eine der drei genannten Richtungen unternehmen. Ich wünsche es Ihnen sehr.

Vielleicht ist es kein Zufall, daß gerade bei den Kontaktschwierigkeiten die jungen Männer das Übergewicht besitzen. Mädchen scheinen es leichter zu haben, Kontakt zu finden. Sie ziehen schließlich das andere Geschlecht mit allen möglichen, von der Gesellschaft durchaus gebilligten Künsten an: Bewegung, Kleidung, Mimik, Kosmetik, Frisur und Hervorhebung ohnehin schon hervorgehobener Reize. Dies sollte ein Junge einmal machen...

Andererseits ist das Mauerblümchen eine eher weibliche Erscheinung. Wird doch bei den Mädchen das Aussehen höher gewertet und – wenn es nicht so brillant hervorsticht – zu einer Ursache für Kontaktprobleme und Isolation gemacht oder auch häufig genug nur erdacht. Denn das Schlimmste auf dem breiten Feld der Hemmungen und Komplexe sind die eigenen Gedanken und die negativen Vorstellungen von uns selbst, ist der selbstquälerische Zirkel eines unerbittlichen Masochismus.

Die masochistische Minus-Spirale

Ich hasse mich! es ist ein ekles Ding
Des Menschen Herz, so kindischschwach, so stolz,
So freundlich, wie Tobias Hündlein ist,
Und doch so hämisch wieder! weg! ich hasse mich!

FRIEDRICH HÖLDERLIN
Selbstquälerei

Jede negative Regung in uns hat leider die Tendenz, sich spiralförmig nach unten und nach innen zu schrauben, negativ zu eskalieren und sich zu verschlimmern. Der Hintergrund ist immer, daß ich an mir zweifle und mich eigentlich nicht mag. Und auf diesem Hintergrund erwarte ich dann jeweils das Schlimmste.

Dazu genügt der kleinste Anlaß – nehmen wir etwa das Erröten. Eine Herausforderung verunsichert uns, und wenn wir zum Erröten neigen, konzentrieren wir uns schon nicht mehr auf die Herausforderung, sondern lenken unsere Energien – negativ – um und rechnen damit, zu versagen und als sichtbares Signal dieses Versagens und der Angst davor zu erröten. Unsicherheit und Erröten kommen zusammen und steigern sich noch wechselseitig.

So wird ein Circulus vitiosus am Leben erhalten, der etwa so aussieht: Ich bin unsicher und werde das gleich – wie gewohnt – errötend zum Ausdruck bringen. Ich spüre, wie ich erglühe und der andere meine Unsicherheit merkt. Dies gibt ihm jene nachsichtige Überlegenheit, die mich noch mehr verunsichert, die Angst vor dem Erröten verstärkt und dieses noch intensiviert. Schließlich ist die Angst vor dem Erröten so ausgeprägt, daß schon der Gedanke daran es hervorrufen kann, selbst wenn alle anderen Auslöser – zum Beispiel ein Gegenüber – völlig fehlen. Dies führt dazu, daß der leicht Errötende Gelegenheiten möglichst meidet, in denen sein Leiden wieder auftreten könnte. Damit überwindet er es aber nicht, sondern vertieft die Neigung, und so frißt sich der Kreislauf seiner Unsicherheit immer tiefer ein und wird nahezu unüberwindlich.

Meist erröten wir im falschen Moment, weil wir die Aufmerksamkeit auf die dem anderen zugewandten und sichtbaren Körperpartien richten oder auch nur vermuten, daß seine Aufmerksamkeit auf eben diese Partien zielt.

Schon die Vermutung reicht, um unser Vasomotorium, also die feine Muskulatur, durch die die Adern verengt oder geweitet werden, zu beeinflussen. So kann es entweder zum Erblassen bei Angst oder Schreck oder zum Erröten bei Scham oder Wut kommen. Zugleich wird in den feinen Beziehungen zwischen den Menschen, vor allem den Geschlechtern, das Erröten als Sensibilitätszeichen unbewußt und gelegentlich auch bewußt eingesetzt: Manche Menschen können sozusagen im richtigen Moment erröten, um dadurch besonders schamhaft, unschuldig und somit reizvoll zu erscheinen.

Meistens jedoch ist das Erröten eine unerwünschte Erscheinung, die uns in Verlegenheit zeigt und in immer neue Verlegenheit bringt. Das Dumme ist, daß diese Erscheinung mit den realen Anlässen wenig zu tun hat, meistens eine sehr unangemessene Überreaktion darstellt und deswegen besonders ärgerlich ist. Dies führt dazu, daß die von dieser Erscheinung Betroffenen sehr darunter leiden und mit allen Mitteln versuchen, davon loszukommen.

Angst zeugt Angst

Vor Mächten und Gewalten, Katastrophen und Krankheiten haben wir wahrscheinlich eher Furcht als Angst. Der seltsame Gefühlskomplex, in dem sich Schwäche, Hilflosigkeit, lähmende Sorge gegenseitig verstärken und uns die Kehle abschnüren – deshalb reden wir von Angst = Enge –, hat etwas Ungegenständliches, Diffuses, schwer Faßbares. So fragt mich eine Schreiberin, wie sie mit ihren Ängsten fertig werden soll. Sie weiß selbst nicht, wovor sie Angst hat, aber sie kommt vor Angst nicht mehr aus der Wohnung heraus und hat diese seit achtzehn Jahren nicht mehr verlassen. So hockt die alleinlebende Frau in ihrer winzigen Wohnung, verbringt die meiste Zeit im Bett und hat Angst davor, daß Menschen sie schief anschauen oder gar ansprechen, sie dann verlegen wird, errötet und ihr das Wort förmlich im Hals steckenbleibt.

Dies ist ein Extremfall, aber auch an ihm können wir sehen, daß wir selbst es sind, die sich die Probleme bereiten. Natürlich hat die Frau im Grunde nicht Angst vor den anderen, denn diese sind ja nicht zum Fürchten, jedenfalls nicht, solange man ihnen nur unverbindlich auf der Straße begegnet. Sie hat Angst vor sich selbst und vor ihrer Angst, das heißt vor ihrem Reaktionsmechanismus des Versagens, also vor Unsicherheit, Zittern, Erröten, Sprachlosigkeit.

Nun wird niemand leugnen, daß es in der Welt auch genug objektive Gründe für Angst gibt: Grausamkeit und Verbrechen scheinen zuzunehmen, die Kriegsfurcht ist nicht unbegründet, die Überlebenschancen angesichts der Bevölkerungsexplosion und der gleichzeitigen Umweltzerstörung schwinden sichtlich – wer sorglos in den Tag leben will, muß schon die Augen vor alledem gewaltsam verschließen. Und dennoch wäre Angst kein guter Ratgeber, diese Probleme zu lösen.

Es gibt allerdings auch eine kreatürliche Angst, die uns hilft, alle Energien zusammenzufassen. Es ist die Angst des Hasen vor dem Jäger oder des Hundes vor dem Einbrecher, die die Energie gibt, rechtzeitig zu flüchten beziehungsweise mutig anzugreifen.

Angst kann den Organismus zu äußersten Leistungen hinreißen. Die durch Angst und Schrecken hervorgerufene Ausschüttung jenes Nebennierenhormons, das wir Adrenalin nennen, bewirkt eine äußerste, wenn auch vorübergehende Kräftesteigerung. Sie führt zu heilsamen Folgen der Angst, die dem Überleben dienen.

Es gibt aber auch eine lähmende und zehrende Sorge, die uns depressiv und untätig macht und die weitgehend in negativen Phantasien verwurzelt ist. Wir stellen uns vor, daß wir Mißerfolg haben, andere Menschen uns Schwierigkeiten machen oder auch nur schief ansehen, daß wir nicht genug vorbereitet sind und im entscheidenden Moment versagen und vieles andere mehr. Diese Vorstellungen lähmen die Initiative, und wir wagen schließlich keinen Schritt mehr zu tun – so wie jene Frau, die achtzehn Jahre lang ihre Wohnung nicht verließ. Ganz sicher ist sie ein Opfer innerer Teufelskreise geworden, und jeder schüchterne Versuch eines positiven Gedankens: »Ich könnte spazierengehen und Luft und Sonne genießen, ich könnte etwas Gutes zu essen und zu trinken oder ein neues Kleid kaufen und mich darüber freuen« wurde im Ansatz zunichte gemacht durch destruktive Gedanken über all die möglichen Mißerfahrungen und Mißerfolge, die mit solchen Versuchen verbunden sein könnten.

Hier zeigt sich, wie sinnvoll das vieldeutige Wort »Komplexe« im Grunde ist: Der damit bezeichnete Gefühlszustand ist nie einfach, sondern immer kompliziert. In ihm überlagern sich primäre Ängste, Schwäche- und Unwertgefühle mit den vorweggenommenen oder tatsächlichen Reaktionen der Umwelt, insbesondere erhöhte Aufmerksamkeit, Abschätzung, Spott, Verachtung, Bedrohung, dadurch erneute, aber nun sekundäre Steigerung der Angst, wobei zu unterscheiden ist, ob diese durch tatsächliche oder nur vorgestellte Reaktionen zustande kommt. Dabei kann die vermutete Reaktion zu einem verstärkten Angstausdruck führen, der schließlich die Befürchtung wahr macht.

Hieran läßt sich sehr gut die in aufeinanderfolgenden Spiralbewegungen kreisende, sich steigernde Wirkung der Angst vor der Angst und ihrer wirklichkeitsverändernden Bedeutung aufzeigen. Der Circulus vitiosus ist zu einer Art in die Länge gezogener Spiralfeder geworden mit immer stärker ausholenden Kreisen, aus denen es schließlich kein Entrinnen mehr gibt – wenn wir sie nicht an irgendeinem Punkt aktiv unterbrechen. Aber Vorsicht: Eine zu forcierte Unterbrechung kann zu einem noch schlimmeren Rückfall führen. Es treten nämlich jetzt Künstlichkeiten der Übersteigerung auf, die die Mitwelt als Sichaufspielen, Angabe, Hervorstechenwollen und Geltungssucht abtut und durch mildes Ignorieren, sanftes Deckeln oder brüskes Abwenden zu beantworten pflegt. Jede dieser Reaktionen steigert im Grunde den Zirkeleffekt noch weiter und erweist ihn für uns als nahezu unentrinnbar.

Eine wohl jedem Menschen wohlbekannte Erscheinung dieses Bereichs ist die Prüfungsangst. Da jede berufliche Laufbahn durch die Einlaßpforte einer Prüfung passiert wird – meistens sind es sogar mehrere –, hat fast jeder das Schwellenerlebnis der Prüfungsangst aus eigener Erfahrung präsent. Und manche träumen ihr ganzes Leben hindurch die Prüfungen noch einmal nach, die sie gemacht haben, wachen schweißgebadet auf, ohne das Erlebnis zum Abschluß gebracht zu haben, auf daß es sich irgendwann wiederholt.

Zur Lehrabschlußprüfung, zum Abitur, zum Examen, zur Doktorprüfung kommen außerberufliche Prüfungssituationen hinzu. Besonders gefürchtet ist der Führerschein, nicht viel leichter sind Jagdscheine, Segelscheine und ähnliche Zertifikate für Freizeitvergnügungen zu erwerben. Jedesmal zittert der Bewerber mehr oder weniger vor der gestrengen Kommission und um seine Kondition. Meistens geht alles gut, weil man ja – nicht zuletzt aus der Angst vor der Prüfung – gründlich gelernt hat. Oft überschattet die panikartige Angst allerdings Erinnerung und Gedächtnis, Wissen und Erfahrung, Aufmerksamkeit und Sachlichkeit, wie sie in einer Prüfung geboten sind, derart, daß dem Bewerber alles durcheinander, er selbst in einen Affektsturm gerät und nur noch stockt und stottert. Alles scheint wie weggeblasen, was er gestern noch wußte und morgen wieder wissen wird.

Prüfungen haben es nun einmal an sich, daß sie eine punktuelle und zufällige Auslese aus dem Wissensstoff zu einem bestimmten Zeitpunkt enthalten, der über alles Weitere entscheidet. Meistens ist zwar Wiederholung möglich, aber sie gilt als Peinlichkeit, und das Urteil »durchgefallen« verursacht schwerste Enttäuschungen und häufig nachhaltige Entwertungsgefühle. Je unbedingter wir deswegen »bestehen« wollen, je mehr von der Prüfung abhängt, je zwanghafter wir uns einstellen und vorbereiten, um so größer wächst gleichzeitig das Risiko. Denn im Grunde müßte man eine Prüfung in der paradoxen Einstellung bewältigen: Es ist mir wichtig, ich will bestehen, und zwar gut. Ich tue alles dafür, gut vorbereitet zu sein – aber ich bleibe gelassen. Ich klammere mich nicht verzweifelt an den Ausgang, sondern nehme es, wie es kommt. Ich traue mir zu, daß ich gut bin, und es liegt an der Kommission, das auch zu merken. Jene Einstellung wäre im Grunde die beste Voraussetzung für eine Prüfung, aber wer bringt sie im akuten Fall schon auf? Für diesen jedenfalls ist dieses Buch nicht geschrieben, sondern für alle die, die in Gefahr sind, überwertig zu reagieren und von Prüfungen in Paniknähe gebracht zu werden. Schlimm ist es, wenn Mißerfahrungen und Mißerfolge sich häufen, wenn sie geradezu Ketten bilden, aus denen man – in ihnen gefangen – keinen Ausweg mehr sieht. Manche verkraften viele Mißerfolge und richten sich immer wieder auf. Andere sind nach dem ersten schon so deprimiert, daß sie den zweiten fast unausweichlich herbeiführen, so pessimistisch gehen sie an die Sache heran. Und manche nehmen den Mißerfolg bereits in ihrer Vorstellung derart zwingend vorweg, daß Erfolg gar nicht erst aufkommen kann. Und so erfüllt sich die Prophezeiung der Prüfungsangst selbst: Ich kann nichts, man wird es mir ansehen, ich werde aufgeregt sein, man wird es meinem Unwissen zuschreiben, ich werde nichts wissen, nichts können und ganz schlecht dastehen. Wenn man es nur fest genug glaubt, tritt es auch tatsächlich ein: Die Minusspirale zieht ihre Kreise, und wer sich in sie verschnürt, hat keine Chance.

Erlebt es nicht so ein junger Mensch, fast jeder: Ein schrecklicher Tag. Heute habe ich Abschlußprüfung. Ich sitze im Vorraum des Prüfungszimmers. Gleich wird man mich aufrufen. Ich fühle schon, wie meine Handflächen feucht werden. Mir wird heiß und kalt. Mein Herz fängt an zu rasen. Mir schlottern die Knie. Jetzt spüre ich auch noch einen Kloß im Hals. Hoffentlich kann ich überhaupt was sagen. Die Prüfer werden mich bestimmt immer angucken. Ich habe entsetzliche Angst vor ihnen.

Nach solchen extremen Belastungen fragen wir uns: »Warum hatte ich bloß solch eine Angst?« Ein typisches

Beispiel dafür, daß wir den anderen die Schuld an unserer Angst geben. Dabei übersehen wir, daß wir nur Angst vor den Auswirkungen unserer eigenen Furcht haben: wie Unsicherheit, Sprachlosigkeit, Versagen.

Weil wir aber unsere eigene Angst auf andere übertragen, fürchten wir uns vor ihnen. Das gilt in der Politik genauso wie für den privaten Bereich, zum Beispiel Partnerschaft, Ehe oder Beruf.

Das sichere Auftreten und das Aussehen der anderen macht uns unsicher. Diese Unsicherheit weckt die Ängste, nicht mithalten zu können. Wir fühlen uns zurückgesetzt. Die Schuld an unserem Dilemma schieben wir den anderen zu.

Eine Situation im Büro: Meine neue Kollegin ist mir auf Anhieb unsympathisch. Sie kleidet sich unmöglich, ist stark geschminkt und kommt sich auch noch sehr wichtig vor. Ja, ich kann sie einfach nicht ausstehen. Es mag unwahrscheinlich klingen, doch auch hier ist die Ursache für die starke Abneigung die Angst.

Viel bedrückender und quälender ist jedoch die ständige Angst: Ich leide in der Pubertät stark unter Akne. Mein Aussehen macht mich unsicher. Ich fürchte die Blicke und den Spott der anderen. Mein unsicheres Auftreten führt zu Mißerfolgen. Ich wage mich nicht mehr auf die Straße.

Gern möchte ich spazierengehen, Luft und Sonne genießen, mich mit Freunden treffen, tanzen gehen oder mir ein neues Kleid kaufen und mich darüber freuen. Aber die Leute werden mich bestimmt wieder schief angucken.

Diese Angst macht uns interesselos. Wir fürchten uns vor neuen Mißerfolgen.

Vielen geht es im Grunde wie dem Mann, der sich einbildete, er sei ein Weizenkorn, und deswegen in die psychiatrische Klinik kam. Nach dreijähriger Behandlung galt er als geheilt und sollte entlassen werden. Der Direktor empfängt ihn zum Abschied und freut sich: »Heute können Sie unser Haus verlassen. Sie wissen, daß Sie kein Weizenkorn sind, ich weiß, daß Sie kein Weizenkorn sind!« Aber der geheilte Patient zögert zu gehen, und als der Direktor ihn fragend ansieht, preßt er heraus: »Ja, aber ob die Hühner das auch wissen!?«

Solche kleinen Witze haben eine bittere Wahrheit. Der Patient läuft zwar frei umher, seine Ängste hat er aber nicht überwunden. Er wird den Grund seiner Angst auch weiterhin bei den anderen suchen.

Es gibt auch Ängste, die wir nicht beeinflussen können. Dazu gehört die Furcht vor Grausamkeiten und Verbrechen, vor Krieg oder Umweltzerstörung. Diese Dinge passieren meist, ohne daß wir sie verhindern können.

Von unseren ständigen Ängsten können wir uns nur befreien, wenn wir daran selbst arbeiten und sie so überwinden.

Zum Beispiel quälen mich vor der Prüfung Gedanken: Ich werde nicht genügend wissen. Ich werde herumstottern. Ich werde mich blamieren. Das schaffe ich nie.

Bevor ich mich mit der Lösung dieser Sorgen befasse, überlege ich mir, wie ich meine ganz alltäglichen Ängste bewältige. Sie belasten mich weniger oder gar nicht. Das kann die Angst vor dem Fliegen sein oder die Angst und Aufregung vor einer Einladung von Gästen. Diese Ängste kann ich mit meiner Freude auf das Bevorstehende überwinden. Die Angst vor dem Fliegen kann ich mit der Freude auf den Urlaub vertreiben. Die Freude auf die erwarteten Gäste läßt mich die Angst vor einem mißlungenen Essen vergessen.

Die Prüfungsangst gehe ich nun genauso an. Der Gedanke an den Prüfungstag bereitet mir zwar Unbehagen, doch ich werde das Risiko eingehen. Ich werde versuchen, ruhig und überlegt zu antworten, dann bekomme ich meine Angst besser unter Kontrolle. Wenn ich eine Frage nicht richtig beantworten kann, bleibe ich ganz ruhig. Der Prüfer ist auch nur ein Mensch. Ich sage ihm, daß ich etwas Zeit benötige, um mich zu beruhigen. Sollte ich trotzdem versagen, ist das keine Katastrophe für mich. Eine Prüfung kann man wiederholen.

Meine ständige Angst kann ich mit der gleichen Methode überwinden. Ich mache mir bewußt, wovor ich mich fürchte: Alle sehen mich an. Ich könnte angesprochen werden. Die anderen machen sich lustig über mich. Ich nehme mir ein Herz und gehe auf die Straße. Dabei stelle ich fest, daß die anderen mich gar nicht ansehen. Auch spricht mich keiner an. Ich habe also nur Angst vor meiner eigenen Unsicherheit, Sprachlosigkeit und vor meinem Versagen.

Echtes Versagen ist jedoch selten. Häufig habe ich die Möglichkeit zu einem zweiten Versuch. Gelingt mir eine Sache, freue ich mich über dieses Erfolgserlebnis.

Prüfungsängste können schließlich von allen neuen und unbekannten Situationen ausgehen, die zu »Prüfungen«, also Erprobungs- und Bewährungssituationen werden: die erste Liebeserklärung, der Besuch der Schwiegermutter, ein Behördengang, der Schulsprechtag, eine Vorladung als Zeuge vor Gericht, die erste öffentliche Aussprache. Im Grunde gibt es hier nur zwei Verhaltensmuster, die möglich sind und die einander ausschließen: Die eine Erlebniskette mit der Abfolge Sichentschließen, Sichstellen, Erprobung, Erfolg, wachsendes Selbstvertrauen, sich größeren Aufgaben stellen usw. Die andere Verlaufskette sieht so aus: kneifen, sich ärgern, andere beneiden, aufmucken, es halben Herzens versuchen, scheitern, es nicht wieder versuchen, sich oder anderen die Schuld zuweisen, bitter und aggressiv werden, sich unter- oder überschätzen, sich gar nichts oder zuviel vornehmen.

Die eine ist die Siegerkette, die andere die Verliererkette. Beide sind hier der Darstellung wegen etwas krasser gezeichnet, als sie das Leben gewöhnlich aufweist. Noch krasser wird der Unterschied in Wirklichkeit jedoch, wenn man die Gefühle hinzunimmt, von denen beide Verlaufsketten begleitet sind: hier Zufriedenheit, Erfolgserlebnis, Glück, Dankbarkeit, innere Weite und Aufschlossenheit – dort Gedrücktheit, Ärger, Verzweiflung, Neid, Mißtrauen, Enge, Unsicherheit, Schüchternheit und Angst. Dies ist ein Lebensgefühl, das im Grunde niemand ertragen kann und das auf die Dauer krank macht und quält.

Schüchternheit hat strenge Eltern

Ziehen wir den normalen oder pubertätsbedingten Anteil unserer Ängste und Hemmungen ab, bleibt bei chronischer Hartnäckigkeit ihres Bestehens die unausweichliche Frage: Welches sind die Ursachen? Sind wir uns klar darüber, woher die ärgerlichen Erscheinungen eigentlich stammen, um die es in diesem Buch geht: Ängste und Unsicherheit, Schüchternheit und Erröten, Minderwertigkeitskomplexe und Lampenfieber?

In einem gewissen Ausmaß kennt jeder diese Probleme aus eigener Erfahrung, hat sie am eigenen Leib erlebt. Aber wir dürfen davon ausgehen, daß die meisten Menschen in dem inneren Ringen zwischen diesen negativen und den erwünschten positiven Haltungen mit der Zeit ein Überwiegen der letzteren erreichen: Sicherheit und Stärke, Ausgeglichenheit und Selbstbewußtsein.

Eine Mischung aber bleibt wohl in jedem von uns, und das ist sicher auch gut und menschlich. Hundertprozentige Lösungen haben etwas Über- und Unmenschliches, wirken abschreckend perfekt und sind auch meistens unecht. Wenn wir ein Verhältnis von zwanzig zu achtzig oder dreißig zu siebzig oder vielleicht auch nur neunundvierzig zu einundfünfzig erreichen, so sollten wir zufrieden sein. Der allzu Sichere kann leicht auf die Nase fallen. Außerdem kaschiert er meistens nur seine eigene Unsicherheit durch Forschheit und ist in Wahrheit gar nicht so sicher, wie er wirkt oder doch wirken möchte.

In verschiedenen Lebensphasen ist diese Mischung sicher unterschiedlich, ebenso wie sie es zwischen verschiedenen Menschen ist. Aber meistens tritt mit wachsendem

Alter eine Stabilisierung ein. Nur bei einer Minderheit von Menschen scheinen die negativen Gefühle und Haltungen zu überwiegen und den Lebenserfolg ebenso wie die Lebensfreude zu überlagern und ernsthaft zu beeinträchtigen. Wie groß dieser Anteil ist, läßt sich schwer schätzen, zumal Menschen alles versuchen, diese Tatsache zu verbergen. Darum muß ihre Zahl höher angesetzt werden, als der Augenschein vermuten läßt, und es wird nicht ganz falsch sein, den Anteil mit dreißig bis vierzig Prozent aller Menschen in unserem Kulturkreis anzusetzen.

Das Maß hängt jedoch auch von der Selbsteinschätzung ab: Der eine geht Schwierigkeiten und Herausforderungen aus dem Weg und kann deswegen relativ unbehelligt bleiben; der andere sucht geradezu nach Aufgaben, die ihn nicht nur fordern, sondern eventuell überfordern. Er zieht sich Ängste und Lampenfieber förmlich »auf den Hals«, obwohl er sich in vertrauten Aufgaben relativ sicher fühlen könnte – so zum Beispiel der Kommunalpolitiker, der für den Bundestag kandidiert, oder der Handwerker, der sich für den Kammervorstand aufstellen läßt.

Der Ehrgeiz ist das verbreitetste Motiv, das Menschen über ihre Grenzen hinaus in den Streß dieser sekundären Angstsituationen treibt. Aber auch diese wollen ja bewältigt sein.

Fragen wir also nun nach den Ursachen, so gibt es eine sehr allgemeine, die aus einer Grundbedingung allen menschlichen Lebens resultiert: Die Geburt hat uns aus der Geborgenheit im Mutterleib gelöst und in die kalte, helle Welt und damit in die Isolation und Vereinzelung hinausgeschleudert. Wir haben diese Tatsache mit Geschrei und Mißmut quittiert, und seitdem begleitet uns der Drang, wieder aufzugehen in einer größeren Verbundenheit: in der Geborgenheit bei den Eltern, in der Vereinigung mit dem Liebespartner, in der Gemeinschaft von

Gleichgesinnten, in der größeren Einheit der Schöpfung. Alles, was Verbundenheit bedeutet, gibt uns Sicherheit und läßt Ängste schwinden. Alles, was Vereinzelung, Exponiertheit und Isolation bedeutet, vermittelt uns Gefühle von Unsicherheit und Angst: Wir beginnen zu frösteln. Warm werden wir erst wieder, wenn wir uns – zum Beispiel nach den ersten Sätzen einer freien Rede – gut angekommen, das heißt von den anderen angenommen fühlen.

Angekommen- und Angenommensein bleiben uns lebenslang wichtige Grundbedingungen einer gesunden seelischen Existenz. Vor allem in der Kindheit sind sie uns wichtig, weil hier der Grund gelegt wird für das Urvertrauen, mit dem wir unserem Tun und den Reaktionen, die es bei anderen auslöst, begegnen. Umgekehrt zeigt es lebenslange Folgen, wenn wir diese Bedingungen so sicher und uneingeschränkt nicht vorgefunden haben.

Immer wieder habe ich bestätigt gefunden, daß es zwei Arten gibt, sich der Welt und den Menschen zu nähern: mit Lust oder mit Angst. Der eine geht erwartungsvoll, ja neugierig und auf alle Fälle mit positiven Gefühlen auf alles Fremde und Neue zu und erwartet das Beste. Durch diese Erwartung beeinflußt er die Wirklichkeit meistens zu seinen Gunsten und findet seine Erwartung bestätigt. Der andere begegnet allem Unbekannten mit Vorsicht und Mißtrauen und findet diese Haltung natürlich auch oft genug bestätigt und berechtigt. Es gelingt ihm somit, oftmals sein Leben gut, vielleicht sogar besser abzusichern, als es dem Lustbetonten möglich ist. Aber sein Lebensgefühl ist nicht beneidenswert. Es ist von Angst und Sorge bestimmt. Aufschwünge von Lust und Freude, ja Jubel und Glück sind ihm so gut wie unbekannt. Er hat es von Kind an nicht anders gelernt: Vor Menschen muß man sich hüten.

Versuchen wir einmal, die Eltern jenes vorsichtigen,

mißtrauischen Menschen zu charakterisieren. Als er noch ein Kind war, haben sie ihn wahrscheinlich auf ihre Art geliebt, aber nie ganz ohne Einschränkung und Vorbehalt. »Wenn du nicht artig bist, wirst du es spüren!« – »Wenn wir dich lieben sollen, mußt du dich brav verhalten!« – »Du mußt erst etwas leisten, ehe wir dich akzeptieren!« – »Sieh dich nur vor, daß du nie die von uns gesetzten Grenzen überschreitest, sonst wird die Strafe unmittelbar folgen!« – »Hüte dich vor allem vor anderen Menschen; sie meinen es nicht gut mit dir!«

So entstand die Vorstellung, daß die Eltern es wirklich gut mit ihm meinten, obwohl sie eine Fülle solcher Botschaften sandten und frühe, aber dauerhafte Programme in seine Seele einpflanzten. Wenn er wirklich einmal über die Stränge schlug, folgten dann auch die Sanktionen in Form von Liebesentzug, Schimpfworten oder Schlägen, Einsperren oder Ausgehverbot. Selbst ängstlich vor der grenzüberschreitenden Wildheit des zu dressierenden jungen »Barbaren«, pflanzten sie die Angst oft und machten sie unbewußt zum wichtigsten Erziehungsinstrument – soweit man von Erziehung hier überhaupt reden kann. Das Kind wurde nicht um seiner selbst und trotz seiner Unarten geliebt, sondern es mußte sich die Liebe der Eltern verdienen und zitternd fürchten, sie bei jedem kleinen Fehler zu verlieren.

Ein solcher Dauerzustand schwebender Unsicherheit, in dem man nicht einfach vertrauen und sich fallenlassen kann, hat neurotisierende Wirkungen. Er läßt weder ein stabiles Vertrauen in die nächste Umgebung und damit die Mitwelt überhaupt noch ein solides Selbstvertrauen gegenüber dem eigenen Wert und den eigenen Fähigkeiten entstehen.

Ängstlich-wachsames, zuckendes Reagieren auf die jeweils wechselnden Aktionen der anderen bewirkt ein ständig zitterndes Vibrieren an den Wurzeln der eigenen Stärke. Die Folge sind Zweifel an sich selbst und an der Wirkung bei anderen, Scheu und Schüchternheit, Unsicherheit und Ängstlichkeit, kurzum das, was wir Minderwertigkeitskomplexe nennen. Da – wie gesagt – der Mensch durch die Individuation und Isolation nach der Geburt ohnehin in einer permanenten Bewährungsprobe, gleichsam in einer stressenden Vergleichssituation steht, muß ihn in der frühen Kindheit eine solche emotionale Verunsicherung doppelt treffen. Gerade weil wir von Natur schon die dünnhäutige Angst um unser Überstehen und die Sehnsucht nach Wärme, Liebe und Geborgenheit im größeren sozialen Mutterschoß in uns tragen, wirken alle verunsichernden Bedingungen wie Leistungsstreß, Strafandrohung, Liebesentzug und ähnliche sogenannte Erziehungsmittel um so verheerender.

Die Psychoanalyse hat aufgedeckt, daß die Klaviatur dieser Instrumente jeweils in spezifischen Phasen greift: Die orale Phase hat es mit Nähe und Nahrungsgewährung beziehungsweise -entzug zu tun. Die anale Phase wird im Gegenteil von der Kontrolle der Ausscheidungen und den dafür bestimmten Belohnungs- und Bestrafungsreaktionen beherrscht. Die genitale Phase schließlich hat die ersten Liebesbeziehungen zum Ausgangs- und häufig genug zum Endpunkt. Das heißt: Sattheit, Sauberkeit und Sinnlichkeit sind die drei von nun an emotional hochbrisanten Lust- und Versagungsfelder des Menschen. Hier ist Befriedigung erstrebt, aber auch Versagung möglich, und dieses Spannungsverhältnis macht sie zu den besonderen Gegenständen und Einsatzfeldern der Erziehung und Beeinflussung.

Sattheit, Sauberkeit und Sinnlichkeit – wer hier seine natürlichen frühen Impulse befriedigen und stillen konnte, wird später in den Grundschichten seiner Person stabil und unangefochten, wird voll Ichstärke und Selbstvertrauen aufwachsen und als Erwachsener leben können.

Wer unter Verbots- und Entzugsqualen leiden mußte, wird – je nach Phase – zum Essen und Trinken ein gestörtes Verhältnis haben und entweder keinen oder aber maßlosen Appetit verspüren. Viele kämpfen lebenslang um ein Gleichgewicht beziehungsweise gegen das mit der Zeit unvermeidliche Unter- oder, noch häufiger, Übergewicht, gegen Suchtgefährdung und Depressionen.

Viele verhalten sich zwanghaft sauber, haben es aber meist mit schmutzigen Wünschen und Phantasien zu tun. Ihr Analbereich, also ihre Afterregion, ist emotional überbesetzt, und ihre Phantasie kreist um alles, was damit zu tun hat. Man merkt es an den Witzen, die sie erzählen, an ihren sexuellen Vorlieben und an ihrer fatalen Neigung zu Puritanismus und Machtgelüsten, die regelmäßig den Ersatz für unerfüllte Liebesbeziehungen darstellen. Mit Hilfe der Ausscheidungen konnte das Kind sozusagen als Antwort auf die beengende Sauberkeitserziehung nämlich auch erhebliche Macht ausüben und die Eltern in Entsetzen stürzen. So sind denn auch mit jeder Machtperversion Ordnungs- und Sauberkeitszwänge verbunden.

Die Sinnlichkeit ist am Anfang noch vielgestaltig, aber sobald sie sich auf das andere Geschlecht, und zwar zunächst auf den andersgeschlechtlichen Elternteil richtet, wird sie bedrohlich und darum in unserer Kultur meistens kontrolliert, eingeengt oder gar verboten. Darum ist Zärtlichkeit zu geben so schwer und Gefühle zu äußern so problematisch. Hier pflanzt sich eine jahrtausendealte Tradition von Entsinnlichung fort und erdrückt sehr früh einen großen Teil der stärksten natürlichen Kraft in uns, der Libido, der Lebensfreude und Liebesfähigkeit, die schon im Kleinkind mächtig zum Ausdruck drängt und sich sinnlich, ja erotisch beweisen und genießen möchte. Die Liebe als Erwiderung, zunächst von Mutter und Vater, dann von Sonne und Baum, Wasser, Blume und Wind, Vertrautem und Neuem, Du und Ich sind die Quelle der Lebensbejahung eines alle Fasern unserer Existenz durchpulsenden Ja, eines Urvertrauens schlechthin. Wo es eingeschränkt und eingeengt wird, schwindet auch das Vertrauen in die eigene Kraft und jenes Gegengewicht der Freude, das wir in so hohem Maße brauchen, um die Lasten so vieler Mühen, Enttäuschungen und Bitterkeiten im Leben aufzuwiegen und zu überwinden.

In diesen frühen Jahren ereignen sich die Auseinandersetzungen zwischen Natur und Kultur, zwischen Lustprinzip und Realitätsprinzip, zwischen Mögen und Müssen. Wahrscheinlich ist dieser Konflikt für jede Zivilisation kennzeichnend und wesentlich, ja unvermeidbar. Aber es gäbe verschiedene Möglichkeiten der Lösung, nicht nur die extreme Selbstdurchsetzung der Lust auf der einen und die Unterdrückung aller natürlichen Impulse durch Kultur und Erziehung auf der anderen Seite.

Denkbar und wünschenswert könnte auch die allmähliche Verschränkung beider sein, also die Durchpulsung des Intellekts mit Vitalität, der Planung mit Phantasie, der Pflicht mit Neigung, der Leistung mit Lust, des Sinns mit den Sinnen.

Das Lustprinzip wird durch das Realitätsprinzip, wie Freud das nennt, eingeschränkt und mehr und mehr abgelöst. Dies geht jedoch selten ohne Knirschen und ohne Brüche ab. Es ist die große W-Linie, die sich hier wie in allen Entwicklungsprozessen zeigt: Wachstum – Willenserprobung – Widerstand – Willensbeschränkung.

In dem letztgenannten liegen die Probleme. Willensbeschränkung kann weise Begrenzung, aber auch willenlose Unterwerfung oder Willensbrechung heißen. Nicht jeder erreicht die erste Lösung, also die Konzentrierung des Willens auf das Mögliche und den Verzicht auf das Unmögliche nach dem Motto des Pietisten Oetinger: »Herr, gib uns die Kraft, zu verändern, was sich verändern läßt, die Geduld, zu ertragen, was nicht zu ändern ist, und die Weisheit, zwischen beidem zu unterscheiden!«

Von dieser Dialektik ist unsere Weltauseinandersetzung von frühester Kindheit an gezeichnet. In ihr zwischen These und Antithese jeweils den neuen Ansatz für eine Synthese zu finden, die die Gegensätze aufhebt, ist Ziel und Glück zugleich. Nicht jeder findet gleich in harmonisch ausgewogener Schwingung zwischen Wollen und Wirklichkeit das Maß, in dem sowohl das eine als auch das andere nicht zu kurz kommt. Oft geht das Wollen so an der Wirklichkeit vorbei, daß es sie verfehlt und sich an ihr nicht ausrichten und korrigieren kann. Oft bleibt es hinter der Wirklichkeit zurück, erreicht sie gar nicht und entfaltet sich auch nicht zu seiner optimalen Form. Oft wird es von der Wirklichkeit erschlagen und erdrückt und erfährt sich gar nicht erst als verändernde Kraft – wobei die Wirklichkeit für das Wollen des Kindes die Bedingungen des Elternhauses, die Forderungen der Schule, die Bezugsgruppe der Spielkameraden oder die Zeitumstände sein können.

Unser Streben nach Selbstbehauptung und Durchsetzung begegnet zu vielen Möglichkeiten, schief aufzutreffen oder zu scheitern, als daß die Entwicklung der meisten einigermaßen reibungslos verliefe und das Ziel der Entwicklung ohne Probleme erreicht würde, was Sigmund Freud so formuliert hat: Aus ES muß ICH werden, also das Kind muß erwachsen, das Wollen reif und das heißt realistisch werden.

Es bleiben vielmehr Reste und Lücken, Verwerfungen und Verbildungen in diesem dynamischen und ständig spannungsvollen Wechselprozeß von Ich und Welt. Ihnen begegnet das ES, also das unbewußte Kindlich-Vitale in uns, mit angestrengten Überlebensversuchen, die nicht immer positiv und personfördernd sind. Es versucht, sich durchzumogeln, um letztlich doch überleben und die Widerstände des Lebens überwinden, zumindest überlisten zu können.

Hier gibt es die verschiedenen Möglichkeiten und Methoden: Es kann seine Macht in der Ohnmacht erfahren. Wenn Fritz die Anforderungen der Eltern oder der Schule nicht erfüllen kann, so erfährt er seine Stärke in der Verweigerung. Die Erwachsenen können sich auf den Kopf stellen: Fritz kann es eben nicht und erfährt sich damit in seiner Unterlegenheit als überlegen, denn die Erwachsenen vermögen es beim besten Willen nicht, ihm das Fehlende beizubringen: Er kann es wirklich nicht. Darüber hinaus bringt er zwar keine Revolutionen zustande, aber sein Zimmer spiegelt das Chaos, das er der Gesellschaft wünscht, um darin eine Überlebenschance zu haben. Auch hier sind die Versuche der Erwachsenen zwecklos, ihm Ordnung und Sitten beizubringen. Er geht meistens nie so weit, daß er sich ernsthaft schadet, aber er definiert seine Macht negativ, indem er die Erwachsenen für ohnmächtig erklärt und es ihnen augenscheinlich beweist. Hinter den Türen und in den Schubladen sammeln sich vielleicht seine wirklichen Interessen: Lego oder Comics, später Porno oder Elektronik. Auch in seinem Inneren gibt es eine Tag- und eine Nacht-, eine Licht- und eine Schattenseite: Er muß mogeln, um durchzukommen und seine wirkliche Welt vor der der Erwachsenen geheimzuhalten. Nur so scheint sein ES und also seine kreative Impulsivität überleben zu können.

Dies wird allerdings mit einem hohen Preis bezahlt: Er behält gegenüber der Tagseite des Lebens, den Pflichten und Forderungen aus der Erwachsenenwelt, gegenüber Ordnung und Moral, Staat und Kirche, Schule und Elternhaus jene geduckte Aufsässigkeit, die nie ganz ihren Schatten verläßt und nie ganz von Komplexen frei wird. Schuldbewußtsein und Trotz, Gedrücktheit und Gereiztheit zeugen in seinem Verhalten von einer Fahrweise, in der praktisch Motor und Bremse gleichzeitig betätigt werden. Jeder weiß, daß die Bremse im Zweifelsfalle stärker wirkt und alle Energie des Motors, also die Lebensdynamik, nicht zur Entfaltung kommen läßt oder auf die Dauer aufzehrt.

Es ist der typische Lebenskreislauf eines schlechten Schülers: Gleich am Anfang versteht er die schweren Rechenaufgaben nicht, aber anstatt zu fragen, schreibt er von den besseren Schülern ab, sitzt in der Schule in geduckter Haltung, in dem Bemühen, nicht aufzufallen. Da seine Energien auf dieses Bemühen konzentriert bleiben, versteht er wieder nichts, schiebt die Schulaufgabe so lange wie möglich hinaus, schreibt am Morgen vor dem Unterricht ab, zittert in der Angst, entdeckt zu werden oder »dranzukommen«, und entwickelt so einen Minderwertigkeitskomplex – zumindest in Mathematik –, aber meistens auch eine geschickte Überlebenstechnik im Sichverstecken und Sichversorgen mit vorgefertigten Lösungen. Das Resultat dieser Entwicklung ist nicht wegen der am Schluß nicht vorhandenen mathematischen Bildung bedauerlich, sondern vor allem wegen der Auswirkungen auf das seelische Gleichgewicht und die innere Freiheit.

Vitale und starke Schüler, die auf anderen Gebieten durch Erfolge aufwarten und ihre Mißerfolge kompensieren können, mögen davon nicht so sehr betroffen sein. Aber wer ohnehin einen schmalen Rücken, sprich ein nur wenig ausgeprägtes Selbstwertgefühl mitbringt, kann hiervon lebenslang niedergedrückt und innerlich zerrissen werden. In ihm hat nicht das selbstverständliche Erlebnis Platz gegriffen: Ich habe mich den Anforderungen gestellt, habe die Aufgaben begriffen, habe Freude bei der Lösung und Erfolge bei ihrer Kontrolle gehabt, habe mich gemeldet und bin aufgerufen worden, meine Antwort war richtig. Ich bin begierig auf neue Aufgaben und Herausforderungen meiner Leistungsfähigkeit. Die anderen erkennen mich an und bewundern mich vielleicht sogar. Ich erledige meine Aufgaben und fühle mich dann frei für andere. Ich kann sicher sein, auch künftigen Aufgaben gut vorbereitet zu begegnen und sie erfolgreich zu lösen. Ich bin dem Leben gewachsen und fühle mich ausgeglichen, frei und sicher. Aber das ist schon sehr viel, dahin müssen wir erst kommen.

Es ist hier aber gerade von denen zu reden, die auf Reichtum und Berühmtheit warten mußten und sich vergeblich dafür anstrengten. Nie auf den grünen Zweig kommen heißt, nicht einmal die seelischen Grundbedürfnisse nach innerem Ausgleich und äußerer Anerkennung, nach Gesundheit, Glück und Zufriedenheit, nach Sinnerfüllung und Zukunftshoffnung befriedigen zu können. Hierzu zählen nicht nur die Pechvögel, denen alles schiefgeht, nicht nur die Ungeschickten, die vorne umstoßen, was sie hinten aufgebaut haben, nicht nur die Mutlosen, denen schon darum nichts gelingt, weil sie sich erst gar nichts zutrauen. Hierzu zählen auch die Unscheinbaren, die von anderen übersehen werden, weil sie sich selbst nicht wichtignehmen, die Versager, denen deshalb nichts gelingt, weil sie sich nie wirklich engagiert haben, die Selbstmitleidigen, die immer andere für ihr Schicksal verantwortlich machen, die »Eigentlichen«, die ihr Leben verfehlen und von dem träumen, was sie alles hätten tun können, die Verhinderten, die die Schwierigkeiten stets höher einschätzen als die Möglichkeiten, die Selbstlosen, die für andere alles tun können, aber zusehen, wie ihre eigenen Kastanien im Feuer schwarz werden – lauter Menschen also, deren Lebenseinstellung, zumindest zu sich selbst, destruktiv und damit von vornherein auf Mißerfolg programmiert ist.

Das Bestürzende und für die menschliche Gesellschaft keineswegs so Rühmliche liegt darin, daß derartige negative Selbstprognosen meistens auch von außen her aufgenommen und bestätigt werden. Die bekannte Hackordnung im Hühnerstall, die der dänische Forscher Schelderup-Ebbe entdeckt hat, bestätigt sich immer wieder: Das Huhn an der Spitze dieser Liste wird dick und fett; von niemandem gehackt, darf es aber alle anderen hacken. Das Huhn am Ende dieser ungeschriebenen Skala bleibt klein und mickrig und traut sich nicht, nach einem anderen zu hacken. Einmal ins Hintertreffen geraten, die Leiter heruntergefallen, verkümmert es und kommt nie wieder hoch, ja wird zusätzlich auch noch gehackt und vom Futternapf verjagt. Auch in einem Vogelnest wächst der Größere immer schneller und drängt bei der Futterverteilung den Schwächeren zurück, der später dann meistens Raubtieren als erster zum Opfer fällt – eine in der außermenschlichen (und oft genug unmenschlichen) Natur vielleicht sinnvolle Auslese.

Wenn man als Mensch und als bewußt erlebendes und erleidendes Wesen die Welt einmal vom Ende der Skala aus betrachtet, kann man die Hackliste nach dem Modell des Hühnerstalls kaum noch erstrebenswert finden. Erstaunlicherweise ordnen sich ihr jedoch unzählige Menschen widerspruchslos ein und ergeben sich mit demütig geneigtem Kopf in ihr scheinbares Schicksal. Sie finden sich damit ab, nie aus dem Elend heraus und auf einen grünen Zweig zu kommen, weil sie sich die Gesetze des Handelns von außen vorschreiben lassen und auf die eine Erfahrung von Mißerfolg in ihrer Erwartung schon die nächste setzen, die dann auch prompt eintritt. Sie wissen nicht und wagen nicht zu glauben, daß sie selbst es sind, die ihr Schicksal wenden können und müssen. Gebannt starren sie auf den äußeren Erfolg, statt ihre inneren Chancen wahrzunehmen und ihr Glück zunächst einmal in sich selbst und ihre Bestätigung bei sich selbst zu suchen.

Nur kein Mißlingen meiden...

Machen wir uns klar, wie Erfolgslernen vor sich geht: Positive Erfahrungen summieren sich und strahlen gleichsam auf die Umwelt aus. Anders ausgedrückt: Die Umweltreize wirken positiv konditionierend; sie bilden Herausforderungen für neue Erfolgserfahrungen und werden schon als solche vielversprechenden Signale aufgefaßt. Für den Gewinner ist eben ein Spiel zum Gewinnen, ein Tag zum Gestalten, ein Mahl zum Genießen, eine Aufgabe zum Lösen da. Wer einmal negative Konditionierungen erlebt hat, macht auch um den kalten Ofen einen Bogen, fürchtet beim Spiel das Verlieren, sieht in der Arbeit eine Qual und vielleicht sogar im Essen noch eine Last. Der Verlierer empfängt aus der Umwelt andere Signale und antwortet anders auf sie. Die Lebenstechnik des Gewinners ist im Grunde einfach und – vom Neid der anderen abgesehen – unkompliziert: Versuch, Bestätigung und Erfolg führen zu einem positiven Lebensgrundgefühl, das sich auch immer wieder bestätigt.

Ganz so einfach liegen die Dinge beim Verlierer nicht, denn wer hält es schon mit einem negativen Lebensgefühl aus, selbst wenn sich dieses immer wieder bestätigt und also den eigenen Erwartungen recht gibt? Auch der Verlierer weiß ja im Grunde, daß er positive Erfahrungen braucht. Er fürchtet aber, sie auf direktem Wege nicht erreichen zu können; so wählt er indirekte dafür.

Der wichtigste Weg ist die Vermeidung. Machen wir uns die positive Wirkung dieser negativen Technik an einem Tierbeispiel aus der Lernforschung deutlich: Ratten in einem Käfig erhalten von Zeit zu Zeit durch eine Metallplatte am Boden einen elektrischen Schlag. Gleichzeitig leuchtet ein rotes Licht auf. Ein zweiter, zugänglicher Käfig besitzt keinen Metallboden. Außerdem erfolgen hier keine elektrischen Schläge. Mit der Zeit lernen die Ratten, in den zweiten kleineren Käfig hinüberzuspringen, sobald das rote Licht aufleuchtet. Die Vermeidung hat also vorübergehende Befreiung, wenn auch verbunden mit größerer Beengung in dem kleineren Käfig zur Folge. Schon nach wenigen Malen flüchten die Ratten aus dem großen Käfig, sobald das rote Licht aufleuchtet – selbst wenn gar kein elektrischer Schlag erfolgt. Hierin zeigt sich der Doppeleffekt der Vermeidung: Einerseits gelingt es den Tieren, den unangenehmen Schmerz auszuschließen; andererseits schließen sie sich aber selbst aus dem größeren Raum aus und nehmen sich somit die Möglichkeit, zu testen, ob wirklich Gefahr droht.

Vermeidung schützt also vor Gefahr, engt aber den Lebensraum und das Lebensgefühl ein. Und vor allem wird Angst dadurch nicht überwunden, sondern zu einem ständigen Grundgefühl, selbst wenn sie gar nicht mehr begründet ist. Ein mutiges Erprobungsverhalten könnte zwar ein paar Schmerzerlebnisse mehr bedeuten, würde aber zu größerer Erfahrungsunmittelbarkeit und damit Freiheit und schließlich vor allem zur Überwindung unbegründeter Angst führen.

Nun ist es für den Menschen keineswegs ratsam, alle roten Lichtsignale zu ignorieren – denken wir nur an die Verkehrsampel. In jedem roten Licht aber nur Lebensgefahr zu sehen würde zu einer ängstlichen Verengung des Horizonts führen: Schließlich heilt Rotlicht Ischias und andere Leiden, signalisieren rote Lichter den Advent und rote Lampen den Fasching oder die sogenannten Freuden der Liebe.

Vermeidungsverhalten engt also ein. Probierverhalten

erweitert den Lebensradius, bringt allerdings auch die größere Gefahr unangenehmer Erfahrungen und Enttäuschungen. Wer diese ganz vermeiden will, gibt die Freiheit auf. Schmerz- und Mißerfolgserlebnisse gehören zum Leben, und wer dies nicht wahrhaben will, wird »nie auf einen grünen Zweig kommen«.

Hier muß der Versuchung widerstanden werden, die Entstehung von Komplexen als Ergebnis eines tiefen seelischen »Schattenboxens« zu deuten. Sicher ist es richtig, daß jeder Mensch eine Seite seines Wesens in den »Schatten« (C. G. Jung) drängt und sich nun lebenslang fürchtet, von ihr überwältigt zu werden. Richtig ist auch, daß nur die Persönlichkeit sicher und angstfrei leben kann, die den »Schatten« einbezieht und auch die widersprüchlichsten Wesensseiten ganzheitlich, wenn auch spannungsvoll, integriert. Noch sicherer aber ist, daß die Bewährung des inneren Gleichgewichts sich erst in der Auseinandersetzung mit der Umwelt, also in einem befriedigend ausfallenden Vergleich zu anderen bewährt. Bezeichnenderweise gebraucht der Volksmund das Wort »Komplexe« kaum noch anders als in der von Alfred Adler geprägten Bedeutung von »Minderwertigkeitskomplexen«. Er verkennt dabei zwar, daß dem sozialen Gleichgewicht die innere Ausgeglichenheit entsprechen muß, vorangehen oder folgen wird, betont damit aber die existenzentscheidende Bedeutung der sozialen Bezugssysteme für jeden von uns. So ist denn auch die Angst durchweg soziale Angst, nach außen gerichtete Angst: Wir haben Angst, uns vor anderen zu blamieren. Wir erröten nur im – realen oder vorgestellten – Angesicht anderer. Wir fürchten, ihren Anforderungen nicht zu genügen. Und unsere eigene Lebens- und Selbstwertschwäche lokalisieren wir in den anderen: Sie sind soviel besser als wir.

Eine ständige Wurzel für die immerwährende Erneuerung von Komplexen ist der Vergleich. Antrieb für Leistung aus Wettbewerb ist zwar eine nicht zu entbehrende Grundlage für Produktivität und deren wohl stärkstes Motiv: den Ehrgeiz. Für ein ausgewogenes Selbstwertgefühl jedoch ist der Vergleich gefährlich wie kaum etwas anderes. Das argwöhnische Schielen auf den Kollegen, der soviel schneller geschafft hat, beraubt uns des letzten Restes unserer eigenen Fähigkeiten. Und auch da, wo wir den Vergleich auszuhalten scheinen, mindert er Eigenart und Eigenwert: Wir orientieren uns an den Ideen, am Stil der anderen, vermeiden ängstlich eigene Experimente und damit Originalität. Wir verbleiben im Kreis des Herkömmlichen und Durchschnittlichen, denn das ist ja der tiefere Sinn des Vergleichs: Wir wollen prüfen, ob wir sind wie die anderen, ob wir normal sind.

An dieser Stelle ist es zweckmäßig, noch einmal auf die Polarität von Lust und Angst zurückzugreifen. Lust als Grundantrieb vermittelt ein stärkeres Ur- und Selbstvertrauen. Angst sorgt zwar für Anpassung, aber eben um den Preis der Verunsicherung. Was das im einzelnen bedeutet, mag die folgende Zuordnung veranschaulichen:

Lust	*Angst*
Ausgeglichenheit	Angepaßtheit
Sensualität	Sensibilität
Ichstärke	Ichschwäche
Realismus	Idealismus
Widerstände	Rücksichten
Erkundung	Bestätigung
Glück	Zufriedenheit
Genußfähigkeit	Gesundheit
Echtheit	Bravheit
Einklang mit sich	Einklang mit anderen

Hier handelt es sich nur um typisierende Gegensätze, die sich im Leben natürlich überschneiden und wechselseitig durchdringen und die sich vor allem verschränken und ergänzen sollen. Die Lust zum Prinzip zu erheben würde auf schrankenlosen Egoismus und Hedonismus hinauslaufen. Die Angst für sich wäre auch nicht auszuhalten und würde zur Entselbstung und Neurotisierung führen. Da dieses Buch aber nicht der Überwindung einseitiger Lust, sondern übertriebener Angst gewidmet ist, werden wir uns naturgemäß mehr mit den Fehlern, die aus diesem Motiv stammen, zu beschäftigen haben. Diese können so weit führen, wir können uns – genauer gesagt – so hassen, daß wir selbst unsere Vorzüge noch als Nachteile betrachten und sie abwerten.

Während ich noch über diese Frage nachdenke, klingelt es. An der Tür steht ein großgewachsener Junge von vierzehn Jahren, den seine Eltern schicken, weil er zu Hause und in der Schule dauernd stört, Schwierigkeiten macht, streitet und in letzter Zeit sogar stiehlt. Ich unterhalte mich mit ihm und stelle fest: Er ist ein begabter, vorwiegend praktisch veranlagter, etwas eigenbrötlerischer Junge mit guten Gefühlsanlagen, der es im Grunde gut meint, seine Eltern liebt, nur findet, daß sie ihn noch zu sehr wie ein Kind behandeln und hinter dem nur ein Jahr jüngeren Bruder zurücksetzen. Dieser ist allerdings noch begabter, sieht besser aus und ist darum jedermanns Liebling.

Es ist nicht schwer, als Ursache der Schwierigkeiten die fast aussichtslose Rivalität des großen und meistens noch dazu für den kleineren verantwortlich gemachten Jungen mit seinem Bruder zu erkennen, die durch das Ringen um mehr Selbständigkeit im nun beginnenden Jugendalter noch verstärkt wird. Im übrigen ist der Junge ganz normal. In seinen Gefühlen ist er allerdings auf die negativen Seiten seines Lebens fixiert: Sein Ältersein wird zur Last statt zum Vorrecht, sein Größersein unterstreicht nur die geistige Überlegenheit des Jüngeren. Positiv kann er sich nicht herausheben, also tut er es negativ und erntet damit auch das Gegenteil von Liebe und Beachtung, nämlich Sorgen, Ärger, Zurücksetzung und Strafen. Die Gefahr ist groß, daß er in die Minusspirale eines sich negativ verstärkenden Handelns hineingerät: Minderwertigkeitsgefühle, Trotzreaktionen und Scheinkompensationen durch Stärkebeweise, die keine sind, Verlassen auf äußere Kraft, die zerstörerisch eingesetzt wird, entsprechende soziale Mißerfolge und neue Minderwertigkeitskomplexe. Eigenes Fehlverhalten und entsprechende Reaktionen der Umwelt können so einen lebenslang schwierigen, zerrissenen Menschen entstehen lassen, der aus seinen Komplexen nicht herausfindet.

Ich habe eingehend mit ihm gesprochen und ihn und seine Lage zu verstehen versucht. Umgekehrt ist es für ihn wichtig, daß er selbst seine Situation erkennt und die Gefahren, die für ihn darin enthalten sind. Ebenso wichtig wird es sein, wie die Umwelt auf seine Schwierigkeiten, aber vor allem auf Ansätze neuen Verhaltens reagiert: Gibt sie ihm eine Chance, hebt sie seine Stärken hervor und läßt sie ihm Raum für eine neue, positiv zu erfahrende Selbständigkeit? Das Entscheidende wird sein, daß er aus der negativen Vergleichssituation mit seinem Bruder herauskommt und dessen kaum behebbaren intellektuellen Vorsprung anerkennt, weil er, von der Bejahung der eigenen Stärke ausgehend, ein neues Selbstwertgefühl entwickeln muß. Er ist groß und stark, bei Kameraden beliebt, sportlich und technisch interessiert und versiert, besitzt ein weiches und tiefes Gefühlsleben und erstaunlicherweise sogar schulischen Ehrgeiz: Aus freien Stücken geht er mittags nicht eher aus dem Haus, als bis er seine Schularbeiten erledigt hat. Im Grunde können die Eltern Freude an ihm haben, auch wenn er seinen Protest so weit treibt, daß er nicht mehr mit ihnen gemeinsam die Mahlzeiten einnehmen und in Urlaub fahren möchte. Aber ist dieser Anspruch auf Selbständigkeit nicht auch anerkennenswert? Ich sehe deutlich die Weichenstellung, vor der der Junge für seine Entwicklung steht – schon kleine Veränderungen des Verhaltens und der Bewertung können darüber entscheiden, ob in ihm und damit in seinem Leben die Minus- oder die Plusspirale, der Circulus virtuosus, zu kreisen beginnt.

Der Circulus virtuosus

Schwachheit, nur noch etlich Augenblicke,
So entfliehst du, und dann göttlich schön
Wird der Geist verklärt, ein beßres Glücke
Wird dann glänzender mein Auge sehn.

FRIEDRICH HÖLDERLIN
Das menschliche Leben

Nichts ist so erfolgreich wie der Erfolg. Er ist ein »aus sich rollendes Rad« (Friedrich Nietzsche). Das gilt nicht nur für die ganz großen Erfolge, vor allem nicht nur für die auf wirtschaftlichem Gebiet. Dieses Prinzip gilt vielmehr für die unsichtbaren seelischen Wachstums- und Verkümmerungsprozesse, die die Persönlichkeit und ihr Schicksal schließlich prägen. Der Begriff Erfolg ist vieldeutig schillernd. Einseitig und kurzsichtig wäre es, darunter nur den materiellen Lebenserfolg zu verstehen, der sich in klingender Münze, in Haus, Auto und Bankkonto ausdrückt. Im Gegenteil: Die materiell Erfolgreichen sind häufig charakterlich verbogen und seelisch verkümmert. Ihr äußerer Erfolg ist oft nur um den Preis vieler seelischer Opfer möglich. Durch Ehrgeiz angetrieben und von der Angst beseelt, außer Konkurrenz zu geraten, jagen sie dem nach, worüber sie sich dann schließlich nicht wirklich freuen können.

Solche Menschen meinen wir hier nicht. Wirklicher Erfolg als Ergebnis sinnvoller Lebensbemühungen liegt nur in der inneren Ausgeglichenheit, in körperlich-seelischer Gesundheit, in Lebensfreude und Liebeserfüllung. Alles andere zählt dagegen nicht – ausgenommen nur eine höhere Lebensberufung, eine Aufgabe, die sämtliche Energien bindet und beansprucht, die jedoch nur geistiger und nie materieller Art sein kann.

Dies muß vorausgeschickt werden, um nicht den Irrtum zu fördern, äußerer Erfolg sei ein erstrebenswertes Lebensziel, dessen Verfolgung von Komplexen und Unsicherheit freimache. Das Gegenteil ist richtig: Der sichere und ausgeglichene Mensch, der es nicht nötig hat, dem Erfolg nachzujagen, wird ihn meistens von selbst erringen. Der Erfolg wird ihm als Nebenprodukt häufig zufallen, er wird dann um so gelassener und souveräner entgegengenommen, wird genossen und notfalls auch wieder geopfert.

Seelischer Erfolg – gesunder Egoismus

Oft zeigt sich, daß sich der Egoismus indirekt durchsetzt. Wer sich als Verlierer erfährt, ist schnell bereit, sich andern unterzuordnen, ihnen zu gefallen und alle Wünsche zu erfüllen. Seine Dienste werden gern in Anspruch genommen, und er ist allseits beliebt und anerkannt. Seine Rechnung scheint aufzugehen, die – meistens unbewußt – in folgender Überlegung besteht: Das einzig Sichere in der menschlichen Gesellschaft und sozusagen das einzig Verbindende zwischen Menschen ist ihr Egoismus – also genau das, was sie auf lange Sicht am wirksamsten trennt. Mit diesem Egoismus läßt sich rechnen. Auf ihm baut sich mit großer Folgerichtigkeit die bisher effektivste Wirtschaftsform, die freie Marktwirtschaft, auf. Und wer in seinem Verhalten zu anderen Menschen davon ausgeht, daß diese zunächst ihren Vorteil suchen, wird sich selten irren. Jeder, der anderen Vorteile verschafft, ihren Egoismus einkalkuliert und befriedigt, wird ihnen willkommen sein, und sie werden ihn mit Dank und Anerkennung umgeben, jedenfalls solange weitere Vorteile winken. Danach ist der Dank meistens schnell vergessen. Deswegen wird man also den Egoismus der anderen immer wieder füttern und mit kleinen Dienstleistungen verwöhnen müssen. So bleibt man mit Sicherheit beliebt und setzt sich keiner Kritik aus.

Auf diese Weise erhält der Selbstlose eine Art sekundäre Existenzgarantie. Aber nicht durch den Daseinskampf im Wettbewerb mit lauter Egoisten, denn dies würde er sich nicht zutrauen und vielleicht auch nicht mögen. Er wendet die Methode »umgekehrt« an und zieht seinen Vorteil gerade aus dem scheinbaren Verzicht auf eigenen Egoismus, indem er sich in den Dienst der anderen stellt. Die daraus erwachsenden indirekten Vorteile sind nicht unerheblich und ihm meistens wichtiger als die direkten Vorteile. Da die indirekten häufig seelisch-geistiger Art sind, bedarf es nur des Verzichts auf materielle Vorteile, und im Grunde hat er auf diese Weise sogar den höheren Gewinn. Und wenn sein Handeln publik wird, macht er sich ordensverdächtig. Wenn er es ernst meint, ist ihm dies natürlich äußerst unangenehm, und er geniert sich, öffentliche Anerkennung anzunehmen, ist auch überzeugt, daß er sie im Grunde gar nicht verdient hat, wodurch seine Verdienste – moralisch versteht sich – ins Unermeßliche steigen.

Man sieht: Es gibt eine Plusspirale nicht nur im Wettlauf um Erfolg, und zwar im engeren Sinne dieses Wortes, sondern auch der Verzicht auf diesen setzt neue Spiralen in Gang, die sich für alle Beteiligten positiv auswirken.

An dieser Stelle muß ein Wort für einen gesunden Egoismus eingelegt werden. Wenn er wirklich das ursprünglich allen Menschen Gemeinsame und eine der stärksten Kräfte im Menschen und einer der mächtigsten Motoren der wirtschaftlichen Entwicklung ist, kann er nicht prinzipiell schlecht sein. Er dient dem Überleben und der Selbsterhaltung, macht wach und tätig, findig und produktiv. Er ist auch für ein gesundes Selbstwertgefühl unentbehrlich, und eine ungebrochen naive Potenz stellt eine Triebkraft dar, die für unser Auftreten und Handeln einen nie versiegenden Strom bildet, ohne den wir ein kümmerliches Schattendasein führen müßten. Gefährlich wird der Egoismus erst, wenn er total und schrankenlos wird und wenn er vor allem den der anderen nicht als ebenso berechtigt einschätzt. Die Gefahr, daß der andere Mittel zum Zweck wird, Instrument des eigenen Vorteils, liegt immer nahe und zeigt, wo die Grenzen eines guten und gesunden Egoismus liegen.

Genaugenommen ist diese Art Egoismus, die den Klang des Wortes in unserem Ohr auch so anstößig macht, eher eine Kümmerform. Sie zeugt von der Angst, zu kurz zu kommen, und der Sucht, sich auszuweiten auf Kosten der anderen. Angst und Sucht sind aber defizitäre Zustände und nicht Stärkezeichen einer gesunden, vitalen menschlichen Entwicklung. Verbissene, engstirnige Egoisten sind im Grunde arme Menschen, mögen sie auch noch so viele Vorteile für sich ergattert haben.

Mit gesundem Egoismus ist hier etwas ganz anderes gemeint. Er zeichnet sich dadurch aus, daß er auch den anderen einbezieht, weil er weiß, daß dessen Wohl letztendlich dem eigenen dient: Nur wenn es dir gutgeht, kann es auch mir gutgehen. So wie ein guter Staatsmann niemals das Wohl der eigenen Nation auf Kosten der anderen Nationen fördern wird, sondern immer die Interessenausgewogenheit im wechselseitigen Handeln zum Gewinn aller und die Sicherheit durch ausgeglichene Stärkeverhältnisse im Auge hat, so will auch ein gesunder Egoismus ein gutes Verhältnis zu solchen, die ähnlich denken und Ähnliches wollen. Im Grunde läßt sich auf der Basis besser miteinander auskommen, als wenn einer sich immer wieder dem anderen opfert und ihm das Gefühl gibt, der Stärkere und Bessere zu sein, während der sich Opfernde das Gefühl behält, irgendwann die Opfer einklagen und seinen wohlverdienten Vorteil dafür erreichen zu müssen.

Mit gesunden Egoisten kann man rechnen, mit ihnen kann man mit offenen Karten spielen, sie verheimlichen nicht, daß sie ihren Vorteil suchen, und räumen den anderen das gleiche ein. Auf dieser Basis schließen sie Verträge, die nur dann einen Sinn haben, wenn alle dabei auf ihre Kosten kommen können – der Sinn jedes guten Geschäftes. Verschwiegene Erwartungen, stille Opfer, stumm leidende Demut erweisen sich als nur scheinbare Selbstlosigkeit, die mit gezinkten Karten gespielt hat, um so den Egoismus zu entlarven und ihn gleichsam von hinten zu treffen und zu erdolchen. Gerade der selbstunsichere Mensch neigt zu diesen verschleierten Taktiken, die sich häufig als besonders sozial und altruistisch tarnen.

So etwas ist mit dem Gebot der Nächstenliebe des Christentums zweifellos nicht gemeint. Es wurde allzu lange und allzu häufig übersehen, daß dieses Gebot Selbstliebe ja einschließt: Du sollst deinen Nächsten lieben wie dich selbst. Das heißt: Altruismus und Egoismus schließen sich nicht aus, sondern sind im höheren Sinn deckungsgleich. Ich beziehe die Verantwortung für den anderen in die Strebungen meines Ichs mit ein. Soziales Interesse wird ein Teil meiner Selbsterfüllung. Wenn ich dem anderen diene, diene ich mir selbst. Ich erweitere meinen Egoismus so, daß er den anderen umschließt. Das heißt, daß ich auch meine Entfaltung und Ichstärkung bejahen kann.

Das Gegenteil, nämlich das permanente Selbstopfer in dem Bestreben, es möglichst vielen recht zu machen, muß ohnehin scheitern: Wer es allen recht machen möchte, macht es keinem recht. Die anderen nehmen zwar jemanden, der ihnen jeden Wunsch erfüllt, ganz gern hin. Aber es ist nicht ihr wichtigster und einziger Wunsch, jeden Wunsch erfüllt zu bekommen. Mehr beeindruckt sind sie von jemandem, der sie fasziniert und mitreißt, der auf sie ausstrahlt und Überzeugungskraft besitzt. Aus dem »Es-möglichst-vielen-recht-Machen« entsteht keine Plus-, sondern auf die Dauer eine neue Minusspirale. Die Plusspirale sieht anders aus! (Siehe Seite 85.)

Diese Spirale würde aber jäh durchbrochen und sozusagen nach innen abgeknickt, wenn der Träger dieses sich steigernden Pluseffekts nur auf seinen engherzigen Vorteil aus ist und wenn die anderen merken, daß sie nur zu diesem Zweck instrumentalisiert und mißbraucht werden.

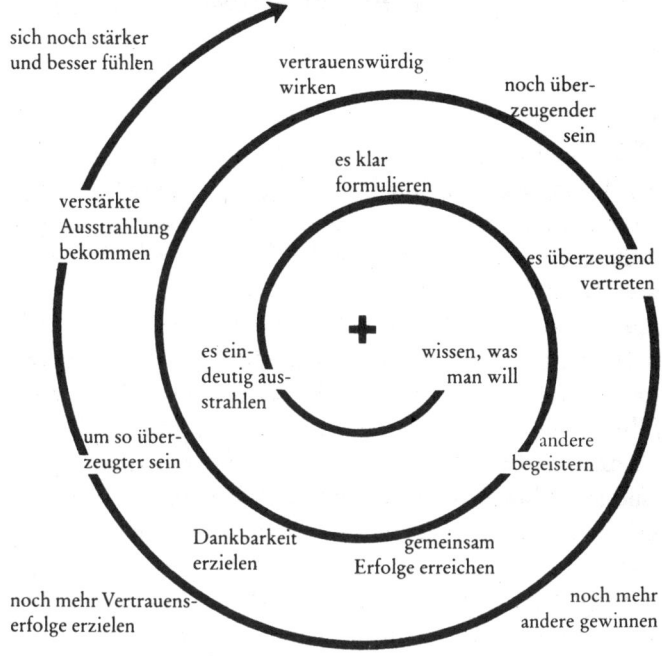

sich noch stärker
und besser fühlen

vertrauenswürdig
wirken

noch über-
zeugender
sein

verstärkte
Ausstrahlung
bekommen

es klar
formulieren

es überzeugend
vertreten

es ein-
deutig aus-
strahlen

wissen, was
man will

um so über-
zeugter sein

andere
begeistern

Dankbarkeit
erzielen

gemeinsam
Erfolge erreichen

noch mehr Vertrauens-
erfolge erzielen

noch mehr
andere gewinnen

Schlagartig würden Ausstrahlung einerseits und Vertrauen andererseits schwinden und der Kaiser sozusagen ohne seine neuen Kleider dastehen. Gemeint ist also immer ein Egoismus, der weitherzig genug ist, das Wohl des anderen genau wie das eigene zu bejahen, einzubeziehen und gerade zum eigenen Anliegen zu machen.

Säen, um zu ernten?

Zweifellos gibt es eine psychische Ökonomie des Erfolges. Sie ist wahrscheinlich so alt wie die Menschheit, seit Urzeiten bekannt und in zahllosen Sprichwörtern ausgedrückt: Wie wir säen, so werden wir ernten; wie man in den Wald hineinruft, so schallt es heraus usw. Dabei scheint aber nicht eine wirklich ökonomische Modellvorstellung zu herrschen, sondern allenfalls eine buchhalterische, so als ob die Aktiv- und Passivseite der Lebensbuchführung einander entsprechen, die Leistung dem Lohn, die Investition dem Erfolg. Dies wäre – wenn es so wäre – aber eine allzu bescheidene Wirtschaftsführung. Wer das Beispiel von Saat und Ernte gebraucht, merkt meistens gar nicht, daß darin im Grunde ein erhebliches Ungleichgewicht ausgedrückt ist: Man sät nämlich sehr viel weniger, als man erntet. Sonst würde sich das ganze Unternehmen kaum lohnen. In der biblischen Version des Wortes ist dies übrigens angedeutet: Wer Wind sät, wird Sturm ernten. Hierin ist also eine Steigerung, ein Wertzuwachs enthalten. Und von diesem Wertzuwachs wollen wir von vornherein ausgehen, wenn wir die Plusspirale des Circulus vitiosus vor Augen haben.

Alles, was ich an positiven Impulsen in die Welt hinauslasse, wird dem Schwungrad dieser Welt eine neue Bewegung hinzufügen, den Schwung der Rotation steigern und vervielfachen. Wofür ich mich engagiere, meine Kräfte, Mittel und Energien investiere, das wird auch Wirkung zeigen, und zwar nach außen in die Umwelt und in die Mitwelt, aber auch verstärkend, ermutigend oder zumindest bestätigend zurück auf mich. Wer sich begeistert, wird meistens auch andere begeistern: »Sofern Ihr Euch nur selbst vertraut, vertrauen Euch die andern Leute« (Faust). Wer sich ganz für eine Partnerschaft einsetzt, wird mit größerer Wahrscheinlichkeit eine glückliche Beziehung haben, als wer hinter dem Schutzwall von Angst und Mißtrauen verborgen bleibt. Und wer Sorge hat, seine Energien zu verschleudern, dem ist zu erwidern, daß Engagement im Gegenteil die Energien steigert. Wir haben sie ja nicht als ein ruhendes Potential in einem Gefäß, das irgendwann leer ist. Sie sind – wie ein Muskel – durch Bewegung und Einsatz trainierbar, steigern sich also. Indem wir unsere Kräfte, unsere Gefühle, unsere Aufmerksamkeit, unsern guten Willen erproben, stärken wir alle diese Energien zugleich. Und wir erhöhen damit die Aussicht auf wirkliche Veränderungen, die zu Erfolgen und damit auch zu Erfolgserlebnissen führen. Alles, wofür ich mich wirklich einsetze, wird irgendwann seinen Ertrag abwerfen.

Insbesondere auf Menschen verfehlt mein Engagement die Wirkung nicht. Jede mitmenschliche Beziehung beruht auf Gegenseitigkeit. Auch wenn es so scheint, als ob – etwa in der Wirtschaft – einer für den andern arbeitet, weil er es in dessen Auftrag tut, so ist auch der Auftraggeber abhängig von dem, der ihm untergeben ist. Nicht erst der Streik oder gar die Revolution macht dies deutlich. Eine moderne Wirtschaftsführung weiß dies gut – nur in den zwischenmenschlichen Beziehungen, etwa in der Liebe oder der Freundschaft, berücksichtigen wir es nicht genug. Wenn aber die Beziehung nicht in einem Verhältnis ausgewogener Gegenseitigkeit besteht, wird sich dies auf die Dauer rächen. Einseitig beansprucht wird das System, das jede Beziehung darstellt, zerbrechen. Es mag sein, daß der eine dem andern Wärme und Atmosphäre gibt, aber der andere wird den einen dafür beschützen und ihm Stärkegefühle vermitteln.

Wenn der Austausch der Reize oder Werte ausgewogen ist, zweifeln wir nicht daran, so, wenn sich zwei lieben und in gleicher Weise reizvoll und begehrenswert finden, sich sexuell beglücken. Auch wenn zwei – aus Gründen der Parität, wie es in Heiratsanzeigen immer so schön heißt – gleich alt, gleich groß oder gleich vermögend sind, leuchtet uns das ein. Aber auch, wenn das, was wir einbringen, höchst unterschiedlich ist, zum Beispiel die Wortgewandtheit, die Sportlichkeit, die Kochkunst oder etwa die Fähigkeit, Witze zu erzählen, so entspricht doch dieser jeweils hervorstechenden Qualität meistens eine ebenso wichtige »Paßform«, so daß sie sich wie konvex und konkav ergänzen: so etwa die Fähigkeit, zuzuhören, zu bewundern, sich unterhalten zu fühlen oder die Last der Konversation abgenommen zu kriegen. Es verhalten sich also unsere zwischenmenschlichen Beziehungen nach einem Prinzip, das in der Biologie Homöostase heißt und das man mit Ausgewogenheit, Gleichgewicht oder Gegenseitigkeit übersetzen könnte. Jede funktionierende Beziehung beruht darauf. Solange die Unterschiede sich nicht polarisieren – wie es bei extremer Gehemmtheit oder Schüchternheit der Fall wäre –, findet sich (auch dies Bild ist ein Beispiel dafür) auf jeden »Topf« ein »Deckel«. Erst wenn der Topf zu groß oder der Deckel zu klein, die Beredsamkeit zu pausenlos oder irgendein Verhalten ausbeuterisch wird, zum Beispiel der Sport sich über das ganze Wochenende erstreckt und den Partner nicht einbezieht, kommt es zu Kollisionen und Konflikten. Aber selbst, wenn ein Kranker von seinem Partner gepflegt wird, läßt sich bei näherem Hinsehen meistens erkennen, daß auch der Pflegende in dieser Tätigkeit Erwiderung und Erfüllung findet. Dank ist ein hoher Lohn und für den, der ihn erhält, ein meistens wichtiger Lebensinhalt. Dies wird oft unterschätzt, und deswegen werden schwer bezahlbare Tätigkeiten wie etwa die der

Hausfrau und Mutter häufig nur darum als unterbezahlt und ausbeuterisch empfunden, weil sie nicht einmal mit menschlichem Dank ausgestattet sind.

Die einseitige materielle Ökonomisierung unserer Gesellschaft hat erhebliche Nachteile und Gefahren. Wenn wir hier eine Art Psycho-Ökonomie vertreten, dürfen wir den gleichen Fehler nicht begehen und sollten vielmehr die Aufmerksamkeit gerade auf die schwer erkennbaren seelischen »Prämien« oder »Währungen« richten. Zu ihnen – und damit zu den wertvollsten und positivsten Zuwendungen – gehören Vertrauen, Dank, Erwiderung, Zuneigung, aber natürlich auch körperliche Gesten wie ein Händedruck, ein Blick, ein Streicheln oder eine Umarmung. Kinder sind in ihrer Unverdorbenheit noch ansprechbarer für die Werte dieser Währung. Im Erwachsenenalter müssen wir sie häufig mühsam wiederentdecken. Aber unser Lebensglück und – um darauf nun wieder zu kommen – unser Erfolg beruhen darauf.

Eine zwischenmenschliche Beziehung glückt also nur so lange, wie sie auf Gegenseitigkeit beruht. Es müssen – wie gesagt – nicht die gleichen Leistungen sein, aber gleichwertige, deren Wert den Beteiligten bewußt ist und fühlbar bleibt. Sobald einer in diesem Regelsystem zu leiden beginnt, deutet dies darauf hin, daß entweder der andere zu einseitige Forderungen stellt und Leistungsbeweise verlangt oder daß der Wert der Leistungen des anderen für den, der leidet, nicht mehr der gleiche ist. Er kann sie nicht mehr schätzen und sucht nach neuen Werten und Inhalten. Dadurch wird der Partner ratlos, fühlt sich selbst entwertet und sucht nach einem neuen ausbalancierten System von Leistungen und Gegenleistungen, in dem beide das Gefühl haben, gebraucht zu werden und zugleich auf ihre Kosten zu kommen. Dies geschieht zum Beispiel in Lebenskrisen oder bei jähen Entwicklungs- und Emanzipationsprozessen. Wenn der andere die Wertumwertung nicht mitvollzieht, zerbrechen Partnerschaften hieran meistens, und neue, die die veränderten Werterwartungen erfüllen, bilden sich. So wird etwa in der Lebensmitte der ganze Gefühlsbereich mit Qualitäten wie Güte, Geduld, Aufmerksamkeit, Zärtlichkeit wichtiger und der häufig in der Jugend bewunderte Komplex um Fitness, Tüchtigkeit, Sportlichkeit, Schönheit, materiellen Erfolg unwichtiger. Gerade die Lebenskrise in den mittleren Jahren macht einem den höheren Gehalt der erstgenannten Werte bewußt und kann zum Ausbruch aus Partnerschaften führen, die sie nicht hinreichend enthielten und vermittelten. Dies wird sogar der häufigste Grund sein, weshalb derartige Auflösungserscheinungen an bisher funktionierenden Systemen geschehen.

Begriffe wie »Leistungen«, »auf unsere Kosten kommen«, »Werte« und ähnliche machen nicht zufällig den Zusammenhang mit der Ökonomie deutlich, sondern weisen auf einen untergründigen Zusammenhang des äußeren wie des inneren Wirtschaftens hin.

Gerade diese Tatsache ermöglicht unserer Lebensstrategie eine ungeahnte Flexibilität. Was wir Glück und Erfolg nennen, hängt nämlich weniger von den Tatsachen und Begriffen der äußeren Ökonomie als vielmehr von den Zusammenhängen und Relationen der inneren ab. Um diesen etwas abstrakten Gedanken zu verdeutlichen, machen wir uns klar: Es sind weniger die Tatsachen, die uns bewegen, quälen und bestimmen, als vielmehr die Gedanken und Gefühle, die wir mit ihnen verbinden. Ein Holzarbeiter, der einen sicheren und gesunden Arbeitsplatz hat, kann mit ihm und seiner sozialen Stellung zufrieden sein. Ein Generaldirektor, der täglich – wenn auch mit astronomisch hoher Abfindung – gefeuert werden kann und der sich darüber hinaus mit seinem besser honorierten Kollegen in einem anderen Konzern vergleicht, kann unter der Geißel des Neides und der Angst leiden und dadurch alles andere als glücklich sein.

Probleme existieren eben nicht als solche, sondern sie leben in einem Reich zwischen Phantasie und Wirklichkeit, zwischen Subjektivität und Objektivität und auf jeden Fall mehr in der ersten als in der letzteren. Objektiv gesehen haben sie einen hohen Grad von Unwirklichkeit, und wir produzieren sie laufend selbst, und zwar auf psychischem Wege: durch Erwartungen, durch Vergleiche, durch Ehrgeiz und die damit in fast untrennbarem Zusammenhang stehenden Enttäuschungen, Minderwertigkeitsgefühle und Mißerfolgserlebnisse. Wer zuviel Erfolg will, begibt sich damit unmerklich schon auf die Minusspirale des Mißerfolges, weil er zwangsläufig enttäuscht werden muß. Wer aber seine Erfolgschancen realistisch einschätzt und dann etwas dafür tut, wird auch Erfolg haben.

Hierbei ist es richtiger, wenig zu wollen und sich schrittweise an das Ziel heranzutasten – mit immer neuen kleinen Erfolgserlebnissen. Wer zuviel will, fällt auf die Nase. Gerade um große Hindernisse zu überwinden, ist die Methode der Ameise – unbeirrbar Schrittchen für Schrittchen – besser als die der Heuschrecke, die immer die gleichen hohen Sprünge unternimmt, aber nie hoch genug, das ganze Hindernis in einem Aufschwung hinter sich zu bringen. Unverrichteter Dinge fällt sie auf den Ausgangspunkt zurück. Ein Mensch würde durch die Erfolglosigkeit solchen Tuns schnell frustriert und für immer entmutigt sein.

Dies gilt auch für unsere Investition in die eigene Außenwirkung. Schüchternheit, Lampenfieber, Hemmungen und Situationsängste werden nicht im Hauruck-Verfahren überwunden, sondern indem man ihnen die Dramatik nimmt, sie zur Nebensache erklärt und sich Schritt für Schritt abtrainiert. Allerdings gehört auch hierzu ein Entschluß, die schlechthin umwerfende Entscheidung nämlich, nichts Negatives mehr als sicher zu erwarten, sondern grundsätzlich immer vom Positiven auszugehen. Wir wissen: Wer darauf wartet, verlegen und rot zu werden, wird es schon deshalb. Wer damit rechnet, durch normales Verhalten auch ganz normal zu wirken, kann davon als von einer Selbstverständlichkeit ausgehen, die auch bald eintreten wird. Wer natürlich besonders wirkungsvoll und imposant auftreten möchte, überspannt hierbei schon wieder den Bogen und achtet zu sehr auf die Resonanz, die er findet. Darüber geht die natürliche Spontaneität, die Normalität und übrigens auch die Konzentration auf die Sache verloren, die meistens den Inhalt einer zwischenmenschlichen Kommunikation bildet. Man spricht ja nicht über sich und seine Wirkung auf den andern – jedenfalls in der Regel nicht –, sondern über ein Thema oder einen sachlichen Inhalt. Je mehr ich mich auf die Sache konzentriere, um so mehr gerät mein Problem in Vergessenheit und ist allein dadurch schon so gut wie gelöst.

Beides also gehört dazu: das Positive und das Selbstverständliche, und zwar das Positive für selbstverständlich und das Selbstverständliche für positiv zu halten. Es muß nicht alles überragend, super, hundertfünfzigprozentig, total und also übertrieben sein. Wer immer und um jeden Preis hervorstechen möchte, verrät damit im übrigen nur seine Minderwertigkeitsgefühle. Der Volksmund sagte mit Recht: Wer angibt, hat's nötig. Auf diese Weise sollte ein beginnender Erfolgszirkel keinesfalls belastet werden. Je normaler, je unauffälliger und geräuschfreier ein psychischer Lernprozeß vonstatten geht, auch ein zwischenmenschlicher, um so besser. Was dann herauskommt: die sichere Routine, das souveräne Können, die natürliche Selbstverständlichkeit, das ist es, was am meisten überzeugt und die natürlichste Form der Autorität darstellt.

Es mag für einige sehr auserlesene Menschen gut sein, immer und ausschließlich nach Spitzenpositionen zu streben. Für 99 Prozent aller Menschen wirkt dies seelisch abtötend, lebensgefährlich stressend, und vor allem macht es todunglücklich.

Glücklich werden möchten wir alle. Wenn wir unter Glück jedoch das quantitative Maximum und das qualitative Optimum aller nur denkbaren Lust verstehen, und dies auf ununterbrochene Dauer in ungemindertem Grade, ist vollkommenes Glück selbstverständlich nicht möglich. Dies scheinen sich aber viele Leute darunter zu versprechen, denn sie sind offensichtlich enttäuscht, wenn sie sich mit Einschränkungen des Glücks, mit dem relativen Glück auf Zeit, zufriedengeben müssen.

Dabei kann Glück gar nicht anders als zeitlich begrenzt und relativ sein. Das ergibt sich schon aus der Unvollkommenheit der Welt. Zunächst also müssen wir den Begriff des Glücks an der Wirklichkeit messen, ohne deswegen den Stachel der Suche nach Vollkommenheit aufzugeben. Aber wir dürfen sie nicht allein in diesem Leben und unter irdischen Umständen und menschlichen Bedingungen um uns erwarten.

Was wir aber erwarten und wofür wir arbeiten können, ist ein Zustand so hohen Wohlbefindens, daß wir uns mit uns selbst und unserer Umwelt in Einklang befinden, unsere Kräfte entfalten, Erfolg und Resonanz spüren, Liebe geben und nehmen und darin Erfüllung finden. Wenn wir bereit sind, Glück auf die uns vorgegebenen Umstände hin zu relativieren und beispielsweise auch Glück im Unglück noch als solches zu akzeptieren, wenn wir also ja zu uns selbst und unserer Lebenssituation sagen, dann wird unsere Glücksfähigkeit in ungeahntem Maße wachsen.

Die wichtigste Voraussetzung des Glücks liegt nicht in dem, was wir *haben* – an Besitz, Erfolgen, Anerkennung,

»Glück« –, sondern was wir *sind*. Der »Reichtum« muß nicht um uns wachsen – was nicht ausschließt, daß er das nebenbei auch tut –, sondern in uns. Dies allerdings erfordert einige Prozesse, mit denen wir die Selbstbegegnung und Selbstverwirklichung im Sinne unserer Entscheidung zum Glück fördern können:

– Selbsterkenntnis
– Selbstbejahung
– Selbstdarstellung
– Selbstdurchsetzung
– Selbstbeherrschung

Die Selbsterkenntnis macht mir deutlich, mit wem ich es überhaupt zu tun habe. Meine Fähigkeiten und Möglichkeiten, aber auch meine Schwächen und meine Grenzen muß ich kennen, um zu wissen, was ich verwirklichen kann und wo ich haltmachen muß. Selbsterkenntnis schützt mich vor Illusionen und Selbstüber-, aber auch Unterforderung.

Zunächst frage ich mich: Will ich mich wirklich in aller Unerbittlichkeit mit mir selbst konfrontieren und mir ins Auge schauen, ganz gleich, was ich dort vorfinde? Wenn ich mich dazu entschieden habe, nehme ich ein Blatt und teile es durch einen senkrechten Strich in zwei Hälften, um meine Eigenschaften, so gut ich es kann, zu katalogisieren. Über die linke Hälfte setze ich ein Plus-, über die rechte ein Minuszeichen, das heißt, ich notiere links meine guten Eigenschaften, Fähigkeiten, Anlagen und Möglichkeiten, rechts jene, die ich für negativ und ergänzungsbedürftig halte.

Ich versenke mich nicht nur einmal, sondern immer wieder in mich selbst, versuche mich an die verschiedensten Situationen, auch an die Urteile von nahe- oder fernstehenden Menschen zu erinnern und halte fest, was mir gefällt. Dabei ist das Urteil meiner Feinde oft der beste Spiegel meiner Schwächen, die ich selbst allzugern übersehe. Aber auch von meinen wirklichen Freunden werde ich ein zutreffendes Urteil erwarten dürfen.

Dabei bin ich mir klar, daß die festgestellten Eigenschaften keine unabänderlichen Größen, sondern Stufen eines Entwicklungsprozesses sind, den ich fortsetzen und zu meinem Vorteil lenken kann. Ich versuche, durch die Formulierung die Entwicklungstendenz deutlich zu machen, indem ich nicht etwa schreibe »redeunbegabt«, sondern »noch nicht sehr redegeübt«. Wenn ich auf diese Weise die gefundenen Eigenschaften und Fähigkeiten auch noch ein wenig abstufe und ähnliche miteinander verbinde, gewinne ich eine strukturierte Übersicht über das, was ich mit aller Vorsicht als mein Wesen oder meinen Charakter bezeichnen kann. Ich bin zum Beispiel

– *körperlich:*
schnell ermüdet und rasch erholt,
kurzfristig zu höchsten Leistungen fähig, jedoch immer wieder regenerationsbedürftig,
wenig ausdauernd, im ganzen aber gesund;

– *geistig:*
gewandt und anpassungsfähig,
aufnahmebereit für neue Informationen,
in der Lage, Daten rasch in Zusammenhänge zu integrieren,
nicht sehr vielseitig und umstellfähig,
differenziert, jedoch beeinflußbar;

– *gefühlsmäßig:*
schwankend und von äußeren Eindrücken abhängig,
warm, aber empfindsam,
mitschwingend und auf Harmonie bedacht,
leicht erregbar und ärgerlich,

jemand, der zum Unterdrücken unangenehmer Gefühle und Ängste neigt,
scheu in Geselligkeit und etwas kontaktarm;

– *willensmäßig:*
jemand, der lange braucht, bis er weiß, was er will,
nicht leicht entschieden und nicht gleich begeistert,
konstruktiv und planvoll,
zielbewußt, aber häufig zu viele Ziele gleichzeitig, daher schwankend zwischen Alternativen.

Willens- und gefühlsmäßige Entschiedenheit muß entwickelt werden.

Sich auf Eigenschaftsbegriffe festzulegen, die wertenden Charakter haben, wie willensstark, aufrichtig, zuverlässig, sollten wir vermeiden.

Die Psychologie ist mit diesen Bezeichnungen vorsichtig, weil sie allzu statisch klingen und eine gußeisenhafte Festigkeit, die sich womöglich noch aus dem Erbgut ergibt, vortäuschen, die den wirklichen Gegebenheiten nicht entspricht. Wir sind eingebunden in einen dynamischen wechselseitigen Prozeß von spontanen Eigenimpulsen und den Antworten und Reizen der Umwelt und unseren Reaktionen, aus Wachstumskräften und Erziehungseinflüssen, die in ständiger Bewegung sind. Sie erlauben allenfalls festgeschriebene Zwischenergebnisse, aber zum Glück keine eherne statische Struktur. In der Tat hat jeder von uns Chancen. Sie gilt es zu nutzen.

Darum soll das Ergebnis dieser Bilanz auch keinesfalls eine sonnige Zufriedenheit erzeugen, die sich eventuell daraus ergeben könnte, daß die linke Liste länger ist als die weniger angenehme rechte. Wir entschließen uns, nicht auf dem Jetztzustand zu verharren, sondern die Liste als Ansporn, aber auch als Korrektiv dafür zu nehmen, nichts

Unmögliches zu erwarten. Die festgestellten Stärken dienen uns dazu, hieran anzuknüpfen, sie zu nutzen und auszubauen. Die Schwächen hungern wir am besten aus. Das hat sich als wirksamer erwiesen, als etwa einen verzweifelten Kampf gegen sie aufzunehmen. Dies würde nur ihre Wichtigkeit unterstreichen, unsere Kräfte unfruchtbar binden, uns übermäßig mit ihnen beschäftigen und überdies meistens auch noch mißlingen.

Die Selbstbejahung ist wahrscheinlich die wichtigste Neueinstellung, die wir vorzunehmen haben, wenn wir glücklich werden wollen. Mark Twain hat recht, wenn er sagt: »Das, was jemand von sich selbst denkt, bestimmt sein Schicksal.« Wer sich für etwas Besonderes hält, wird meistens auch etwas Besonderes hervorbringen und aus sich entwickeln. Wer sich für durchschnittlich hält, wird durchschnittlich leben, und wer sich für minderwertig hält, selbst wenn er es gar nicht ist, wird wenig von sich selbst fordern. Wer sich etwas zutraut, wird es eher vollbringen als der, der an sich zweifelt; wer ja zu sich sagt, wird auch zum Leben, zu seinem Schicksal, zu anderen Menschen ja sagen und darum eher glücklich sein können.

Dieses Jasagen soll nicht ein Selbstkult oder eine Vergötzung der eigenen Person, auch kein Egoismus sein, sondern die voraussetzungsfreie Akzeptierung der eigenen Existenz mit ihren positiven und negativen Seiten und des eigenen Wesens mit seinen Stärken und Schwächen. Das heißt nicht, daß daran nichts mehr zu ändern und zu arbeiten wäre. Aber ändern können wir mit Erfolg erst das, was wir vorher akzeptiert haben. Wir müssen den gesamten Katalog unserer Selbstbilanz annehmen, um die Fehler überwinden zu können. Komme ich zu dem Ergebnis, daß Fehler nicht überwindbar sind, vermeide ich Situationen, in denen sie zutage treten und mir zum Fallstrick werden können.

Ich muß meine beruflichen und gesellschaftlichen Chancen nach meinen Stärken ausrichten und nicht wie der chronische Pechvogel sein, den es in herausfordernden Situationen zur Offenbarung seiner Schwächen zieht, denen er nicht gewachsen ist. Oft kann auch aus einer Schwäche eine Stärke werden. So ist der Empfindliche meistens auch empfindsam und damit zu besonderer Einfühlung und zu mitmenschlichem Verständnis fähig. Er muß nur die negativen Herausforderungen vermeiden, also übermäßige Streßbelastungen durch Ehrgeiz oder Kräftemessen, weil er damit überfordert ist. So ist andererseits der Durchsetzungsfähige, Unverwüstliche häufig weniger sensibel und wird deshalb in Situationen seine Stärke und seine Erfolge finden, in denen weniger Differenzierungsfähigkeit als Robustheit erforderlich ist, zum Beispiel als Politiker oder als Manager in einem Pionierunternehmen.

Was Selbstbejahung ist, läßt sich schwer beschreiben, weil es elementar ist. Selbstbejahung entspringt einer grundsätzlichen, einer existentiellen Entscheidung und ist fast so etwas wie ein Glaubensakt. Sie ruht in einem Gefühl des Urvertrauens und der Geborgenheit, in einer positiven Grundeinstellung, in hoffnungsvollen, optimistischen Gedanken und in einer Zuversicht, die gegen Zweifel und Verzweiflung feit.

Bei den meisten Menschen wird sie zum Glück in der frühesten Kindheit durch die Eltern, vor allem durch die Mutter vermittelt. Sie gibt dem Kind Liebe und Geborgenheit, sie anerkennt und bejaht es und gibt ihm damit selbst die Fähigkeit, sich zu akzeptieren, ja zu lieben. Wer diese Grunderfahrung nicht oder nur eingeschränkt machen konnte, hat es sicher schwerer, zu dieser Selbstbejahung zu kommen, aber unmöglich ist es nicht. Allerdings setzt es eine kraftvolle Entscheidung und einen Entschluß voraus, der einer Bekehrung nahekommt. Aber ohne diese Voraussetzung ist alles andere Bemühen um die Verbesserung unseres Lebens und das Erlangen des Glücks sinnlos.

Wir tun dann gut daran, uns Zeit für diesen Prozeß oder – falls noch nötig – für seine Einübung zu nehmen. Wir versenken uns in aller Ruhe in uns selbst und gehen alle Winkel unseres Wesens einmal durch, und das, was wir finden, suchen wir zu bejahen. Es ist gut, dies auch mit einer wörtlichen Bestätigung zu tun: »Ich mag mich, ich liebe meine Freundlichkeit, Hilfsbereitschaft, Intelligenz, meine Haare, meine Kontaktfähigkeit, meine Stärke... aber auch meine Empfindsamkeit, meine Traurigkeit, meine Inkonsequenz akzeptiere ich und will mich damit auseinandersetzen.«

So und immer wieder so oder ähnlich gewinne ich eine positive Beziehung zu mir selbst. Wenn ich eine gute Idee habe, erkenne ich dies an und sage auch einmal laut: »Den Einfall finde ich wirklich gut.« Wenn ich etwas Positives getan habe, danke ich mir dafür und bestärke mich darin. Es ist ja nicht so, daß meine Qualitäten sich ohne Anerkennung von selbst weiterentwickeln. Und soll ich nur auf die Anerkennung anderer angewiesen sein? Dies würde dazu führen, nur mit angepaßten Tugenden zu glänzen und die wirklich wichtigen Eigenschaften, die auch unabhängig von der äußeren Resonanz bestärkt werden sollen, unentwickelt zu lassen.

Die Selbstdarstellung meint das Bild, das ich nach außen hin abgebe. Es soll nicht das Ziel all meines Bemühens sein, sondern das selbstverständliche Ergebnis. Wenn ich mich bejahe und mir bei einem Vorhaben sage: »Ich schaffe es«, werde ich so auch auf andere wirken. Ich bin nicht von Existenzzweifeln angekränkelt, sondern mache in jeder Faser meiner Erscheinung deutlich, wer ich bin und daß ich zu mir stehe. Wenn ich dies wirklich tue, brauche ich es nicht zu betonen und mit Worten oder Gesten zu unterstreichen. Dann sind Einfachheit und Klarheit die wichtigsten Qualitäten meiner Selbstdarstellung.

Mit anderen Worten: Mein Erscheinungsbild spricht für sich beziehungsweise für mich. Ich kann bescheiden auftreten und doch unbescheiden sein, wenn es die Sache erfordert. Ich werde nicht von oben belehren, weil ich mich besser dünke, aber auch nicht von unten buckeln, weil ich mich für weniger halte, sondern meine Sache gewinnend vortragen und vortragend gewinnen. Ich spiele immer mit offenen Karten und mache jede Freude und jeden Unmut deutlich. Damit erkläre ich meine ständige Bereitschaft, Partner zu sein und ein offenes Gespräch zu führen. Ich gehe nicht mit Ergebnisvorstellungen und Erfolgsabsichten in eine Begegnung, sondern überlasse das Ergebnis dem Verlauf und meinem guten Gefühl beim Prozeß des Zustandekommens. Widerstände kalkuliere ich ein. Sie sind für mich Herausforderungen, sie zu überwinden. Lücken und Schwächen in meiner eigenen Argumentation nehme ich wahr und suche sie durch gute Vorbereitung oder notfalls nachträglich auszufüllen, kurzum, ich verhalte mich sicher und flexibel zugleich.

Meine Fähigkeiten, die ich mir bewußtgemacht habe, und meine darauf aufbauenden Erfolge halten und erhöhen meine Sicherheit. Die so erlangte Sicherheit ist das Sprungbrett für neues Risiko. Eine solche Sicherheit ist keineswegs starr und dogmatisch, sondern ist eine Folge realistischer Anpassung an Gegebenheiten. Sie gründet sich auf ein starkes Selbstgefühl und führt keineswegs zu Rechthaberei, die immer ein Zeichen von Unsicherheit ist. Sie ist die Basis für eine umfassende Anpassungsfähigkeit, die dennoch wesentliche eigene Positionen nie aufgibt, sondern immer deutlich zu machen weiß. Dies wird mir leichter fallen, wenn ich sicher wirke, und um sicher zu wirken, muß ich sicher sein.

Man muß von seiner Sache oder seiner Person und ihrer Wichtigkeit durchdrungen sein, um andere davon zu überzeugen. Dazu brauche ich sie nicht unentwegt zu betonen, denn wer sie immer wieder betont, ist von dieser Wichtigkeit nicht durchdrungen, sondern versucht sie sich selbst und anderen einzureden. Das überzeugt niemand. Der Überzeugte redet überzeugend von etwas anderem, aber nicht von der Festigkeit seiner Überzeugung.

Die Selbstdurchsetzung erfordert dann keine erzwungenen Anstrengungen, sondern ergibt sich beinahe von selbst, jedenfalls in dem Maße, wie wir sie dann noch brauchen. Im Grunde kommt es nur darauf an, daß ich weiß, was mir wirklich wichtig ist, daß ich es nicht aus dem Auge verliere, es mir nicht ausreden und mich nicht leichtfertig davon abbringen lasse. Sonst kann ich nicht mehr im Einklang mit mir selbst sein, würde nachher meine Schwäche bereuen, ohne meine Stärke wiedergewinnen zu können, und würde mich todunglücklich fühlen.

Die Selbstdurchsetzung ist im Grunde die Verwirklichung meiner wichtigen Wünsche. Josef Kirschner hat in seinem Buch »Die Kunst, ein Egoist zu sein« für die Verwirklichung dieser Wünsche einen sehr praktischen Fünf-Stufen-Plan entwickelt:

»Der erste Schritt zur Erfüllung eines Wunsches ist die Bereitschaft, ihm eine Chance zur Entfaltung zu geben...

Der zweite Schritt zur Erfüllung eines Wunsches ist die Entscheidung, alle Zweifel auszuschalten...

Der dritte Schritt zur Erfüllung eines Wunsches besteht darin, unserer Phantasie ungehemmten Lauf zu lassen...

Der vierte Schritt zur Erfüllung eines Wunsches ist die Entscheidung für die beste von allen Möglichkeiten...

Der fünfte Schritt zur Erfüllung eines Wunsches besteht darin, sich mit der Idee zu identifizieren, die Spannung zu nützen – und zu handeln.«

Mit dem ersten Schritt sollen wir uns motivieren, den Wunsch wirklich realisieren zu wollen. Der zweite soll die lästigen Zweifel überwinden, mit denen wir jeden Impuls zerstören können. Der dritte soll die Möglichkeiten der Realisierung Revue passieren lassen und der vierte die entscheidende Auswahl bringen. Darauf folgen der Entschluß zur Ausführung und das entschlossene Handeln. Widerstände spielen demgegenüber eine sekundäre Rolle. Wenn ich wirklich auf diese Weise entschlossen bin, weiß, was ich will und warum ich es will, mich also nachhaltig selbst motiviert und überzeugt habe, dann habe ich den Erfolg schon zu drei Vierteln in der Tasche.

Ich bin darauf angewiesen, mich ständig im Konkurrenzfeld mit anderen zu behaupten, und mein Glück hängt von der Fähigkeit ab, meine Person zu vertreten, um das etwas härtere Wort »durchzusetzen« zu variieren. Dabei dürfen Zweifel nie in die Entschluß- oder Tatphase fallen, sondern müssen vorher aussortiert und überwunden werden. Solange sie das nicht sind, sondern immer wieder die Pfeilstrecke zwischen Entschluß und Ziel zu durchkreuzen drohen, ist meine Selbstdurchsetzung gefährdet. Damit sollen nicht grundsätzlich alle Selbstzweifel abgewertet werden, weil sie zur Selbstkritik beitragen, ja notwendig sind. Aber destruktiv werden sie und sind darum abzulehnen in der Phase, die der Verwirklichung und der Aktion dient. Dies gilt für alle denkbaren Aktionen. Von ihnen hängt nämlich unser Wohlbefinden und unser Glück ab. Dies kann ein berufliches Vorhaben, das Erlernen einer Sprache oder eines Musikinstrumentes, eine sportliche

Übung, eine Urlaubsreise oder eine mitmenschliche Begegnung sein.

Dazu zwei Beispiele aus dem Alltag:

– Ein Student, der durch zehn Semester hindurch fleißig gelernt hat, bekommt angesichts des bevorstehenden Examens plötzlich unerklärliche Ängste und Bedenken. Er meldet sich, nachdem er seine Arbeit eingereicht hat, in letzter Minute vom mündlichen Examen ab, um noch einmal ein Semester zu büffeln und den nächsten Termin wahrzunehmen. Als dieser naht und er in der Zwischenzeit noch eifriger studiert hat, sind ihm so viele neue Probleme entstanden, daß er sich für unfähiger hält denn je zuvor. Er meldet sich aufs neue ab und vertagt den Abschluß auf das nächste Semester. Inzwischen ist seine seelische Verfassung desolat geworden. Er lebt Tag und Nacht für die Arbeit, hält sich mit Kaffee und Pervitin wach und redet von nichts anderem mehr. Dabei durchkreuzen sich Zweifel und Aktion ständig und lähmen den Willen zum Abschluß immer mehr. Es ist wie bei der platonischen Liebe, von der Wilhelm Busch einmal gesagt hat, sie sei ein ewiges Zielen und niemals Losdrücken. Er bringt es einfach nicht fertig, den Hahn am Abzug zu ziehen und damit den befreienden Abschluß seiner langjährigen Studien zu erreichen.

– Ein anderer Student mit weitaus weniger Wissensfundus riskiert beherzt seinen Auftritt vor den Prüfern, hat Glück und kommt genau in den Fächern dran, die zu den wenigen gehören, die er gründlich vorbereitet hat. So ungerecht ist das Leben nicht selten, und die Aktion, wenn sie nur einigermaßen abgesichert ist, realisiert sich bei entschlossener Ausführung meistens fast von selbst.

Die Selbstbeherrschung gibt meinen Kräften erst die Form gesammelter Konzentration und für den Außenstehenden die zivilisierte Fasson, die meine Kraft akzeptabel macht. So bin ich wohl aktiv, aber nicht expansiv, dynamisch, aber nicht aggressiv, spannungsvoll, aber nicht überspannt, entschieden, aber nicht verbissen.

Dazu muß ich lernen, meine Stimmungen zu beherrschen und diese Beherrschtheit einzuüben. Gleichzeitig empfiehlt es sich, mit Gefühlsschwankungen mitzuschwingen, statt Gefühle einer peinlichen Dauerkontrolle zu unterziehen. Sonst bin ich unfähig, Gelassenheit und Heiterkeit auszustrahlen und natürlich zu wirken. Ich soll mich also beherrschen, aber nicht an die kurze Leine legen und versklaven. Das heißt zum Beispiel, daß ich auch widrige Regungen wie etwa Lampenfieber akzeptiere. Die Spannung des Lampenfiebers ist sozusagen die Aufladung der Batterie vor der Energieabgabe in der Aktion. Vor jeder entscheidenden Aktion reagiert der Körper mit Aufregung und Lampenfieber mit den entsprechenden seelischen Auswirkungen. Wer dies akzeptiert, wird leichter damit fertig.

Auch Beherrschung meiner selbst setzt also Bejahung meiner selbst einschließlich der Schwächen und gelegentlichen Störungen voraus. Ja, dies geht so weit, daß ich auch den Mißerfolg einplanen muß, wenn ich dauerhaft erfolgreich sein will. Wenn er eintritt, wird mir dies die Fassung nicht rauben und mich nicht die Beherrschung verlieren lassen. Wenn ich allerdings unter Erfolgszwang stehe, wirft mich jeder Mißerfolg um.

Wer also auf Erfolg programmiert ist, tut gut, die Enttäuschung mit einzuplanen. Dann wirft sie ihn nicht um. Auch Gewinner verlieren natürlich gelegentlich, aber sie gehen auch aus dem Verlust noch als Gewinner hervor. Und nur Versager versagen nie.

Erfolg, der zu Kopf steigt

Wir wollen, daß sich die Erfolgsspirale, der Circulus virtuosus, schrittweise beschleunigt und immer weitere Kreise zieht. Diese Expansiv-Bewegung ist aber nicht ohne Gefahr. Die Spirale kann springen, kann ihren Schwung verlieren, kann zu weit werden. Auch wenn der Erfolg zu weit geht, hat er eher das Gegenteil im Gefolge. Der Volksmund gebraucht hierfür die Formulierung: »Dem ist sein Erfolg zu Kopf gestiegen.« Hier wirkt anfänglich das Erfolgsgesetz der sich verstärkenden Bestätigung. Schließlich aber wird irgendwann der Erfolg Selbstzweck. Die Spirale kreist immer schneller. Der Mensch gerät sozusagen in den Sog der Zentrifugalkraft, gerät immer weiter nach außen, erlebt eine Art Geschwindigkeitsrausch und jagt von einem Erfolg zum nächsten. Hier wirkt sich das Prinzip »Nichts ist so erfolgreich wie der Erfolg« gefährlich und schließlich negativ aus. Es kippt in das Gegenteil um, bis man am Ende sagen muß: Nichts ist so mißerfolgreich wie der Erfolg.

So geht es den meisten, die durch eine rasche Bekanntheit zu Ruhm, Geld und Erfolg gekommen sind: Sie erhöhen ihren Lebensstandard, kaufen ihr Haus zwei Nummern zu groß, bilden sich ein, bei aller Welt beliebt zu sein, und ruhen sich auf ihren Lorbeeren aus. Aber auch die beste Publicity nutzt sich ab, und gerade die Medien sind an einem raschen Wechsel der Prominentenszene interessiert. Schnell rückt man wieder ins Abseits, ist »weg vom Fenster«. Die Einkünfte gehen schneller zurück als erwartet. Die Hypotheken sind noch nicht getilgt, die Kosten der extravaganten Einrichtungen übersteigen bald die laufenden Mittel. Vor allem die Erwartungen, die in den Jahren des Aufstiegs gewachsen sind, müssen Schritt für Schritt reduziert, das Selbstbild der Wirklichkeit angepaßt und die Grenzen der Möglichkeiten, die einem bleiben, zurückgesteckt werden. Häufig ist dies mit Verlusten im Familien- und Freundeskreis verbunden, denn der erfolgreiche, siegesgewohnte, ausgabefreudige Mensch findet leichter Freunde und Anhänger als der, der im Rückzug begriffen ist, zu sparen beginnt und dessen Stimmung infolgedessen häufig gedrückt sein wird.

Aber auch der, der weiterhin über seine Verhältnisse lebt, erregt mit Recht Unbehagen und löst Zurückhaltung aus. So kommt zu dem einen Mißerfolg der nächste, und bis zur Depression und Isolation ist es nicht weit. Zunächst ist die Spirale, exzentrisch nach außen schleudernd, in immer weiteren Kreisen gezogen. Jetzt läuft sie sozusagen ins Leere und verliert ihre Energie und Spannkraft. Wie eine Feder, die abschnellt, fährt sie nach außen und ist nur durch konzentriertes Bemühen – bewußte Einschränkung und Bescheidung und Zurückgehen auf die Wurzeln – wieder um die ursprüngliche Mitte zu sammeln und neu zu spannen.

Für den, dessen Selbstwertgefühl realistisch geblieben ist, wird dies keine unlösbare Aufgabe sein. Da sich im Zeichen des Erfolges häufig aber das Selbstwertgefühl ins Gigantische erweitert und fast zum Größenwahn entwickelt hat, wird sich der den Konsequenzen des Mißerfolgs Ausgesetzte plötzlich gescheitert fühlen. Sehr wahrscheinlich sucht er die Ursachen und Fehler nicht bei sich, sondern bei anderen oder in den Umständen. Er wird sich verkannt und mißverstanden fühlen und sich lange Zeit weigern, die Konsequenzen selbst zu tragen. Er braucht lange, bis die »Erde ihn wieder hat« und er gleichsam »auf den Teppich« zurückgekommen ist. Häufig gelingt dies nicht, und die

Betroffenen stürzen sich von einer Entschuldigung in die andere, und weil ihr Realitätssinn sich nicht gesteigert hat, fallen sie aus einer Pleite in die nächste. Immer sind die anderen oder die Umstände schuld. Ein gesundes Selbstwertgefühl braucht also – wie sich spätestens hier zeigt – nicht nur einen festen Kern, sondern auch feste Grenzen.

Meistens gehören die, denen Minderwertigkeitskomplexe, Ängste, Schüchternheit oder übertriebenes Lampenfieber attestiert werden, zu der entgegengesetzten Gruppe von Menschen. Auch sie fallen von einer Illusion in die andere, aber nicht in solche, die man hochfliegende Illusionen nennt, sondern in solche, die eher den Namen »Schwarzsehereien« verdienen.

Gewöhnlich stellt sich der von Selbstzweifeln angekränkelte Mensch in kritischen Situationen gleich das Schlimmste vor. Wer vor einem Auftritt Lampenfieber verspürt, malt sich die Blamage und das Versagen aus; wer Angst hat, Auto zu fahren, läßt sich von der Vorstellung des nächsten Unfalls beherrschen; wer sich minderwertig fühlt, fürchtet, die anderen könnten es merken und auf ihn herabsehen. Seine Weltsicht und sein Selbstbild sind ebensowenig realistisch wie das jenes Traumtänzers, dessen Vorstellungen ins Gigantische übergehen. Er sieht sich überall von Chancen des Scheiterns umstellt. Im schlimmsten Fall wächst sich dies zur Phobie mit Zwangshandlungen aus, durch die allein, wie durch ein Ritual, das schlimme Geschick – so der Glaube – zu bändigen ist: Dauerndes Nachschauen, ob auch alle Stromquellen abgeschaltet sind, ständiges Händewaschen, um Infektionen zu verhüten, sind nur zwei Beispiele.

Der Drang, immer das Schlimmste zu vermuten, kann zwanghafte und quälende Formen annehmen und den, der an ihm leidet, einengen und tief unglücklich machen. Das Negative hat eine gleichsam magische Faszination und schlägt den, der sich ihm erst einmal ausliefert, zwingend in seinen Bann. Da dies nicht nur eine Frage des Bewußtseins ist, bleiben auch rationale Überzeugungsversuche meistens relativ ergebnislos, und man kann sich noch so oft sagen, daß ja alles nicht so schlimm ist beziehungsweise ausgehen wird – wie vom Zauber geschlagen, findet die Phantasie des hiervon Betroffenen unbeirrbar und zielbewußt ihren Weg in den Strudel des Unheils.

Wer sich an ein schwaches Selbstwertgefühl gewöhnt, es sozusagen erlernt hat, neigt dazu, die Signale der Welt zunächst einmal negativ zu deuten. Machen wir uns klar: Es gibt keine objektiv für uns wahrnehmbare Welt. Aus dem, was wir Welt nennen, empfangen wir ständig Signale, die wir in einen bestimmten vorhandenen, im Laufe der Zeit geprägten und sich nur langsam wieder neu anpassenden Bezugsrahmen einordnen. Deutlich wird das etwa: Lachst du mich an, oder lachst du mich aus? Das gleiche Lächeln im Gesicht des anderen deutet der eine als Ausdruck der Zufriedenheit und Heiterkeit, der andere als Zeichen des Spottes und der Herablassung, der dritte sieht darin den Kontaktwunsch und die Suche nach Erwiderung. Natürlich kann sich der Träger des Lächelns in der einen Deutung besser als in der anderen verstanden fühlen, und entsprechend wird seine Reaktion und die daraus sich ergebende Kommunikation sein. Regelmäßig ist die negativere Deutung die kommunikationsschädlichere. Sie führt häufig das herbei, was sie befürchtet: Wer ein Lächeln als Spott deutet, das als Freundlichkeit gemeint war, wird wegen seines Irrtums und wegen des sich darin äußernden argwöhnischen Pessimismus vielleicht wirklich bespöttelt. Denn: Wer das Schlimmste befürchtet, der kann es herbeiführen.

Aber auch andere Signale der Umwelt wollen gedeutet werden. So ist zum Beispiel der Vorschlag eines Vorgesetzten, einen besonderen Auftrag zu übernehmen, für den einen eine Herausforderung seines Ehrgeizes, für den anderen eine Zumutung, für den dritten ein geheimer Test seiner Fähigkeiten, für den vierten das Eingeständnis der Unfähigkeit und für den fünften eine besondere Auszeichnung.

Entsprechend werden das Echo und als Folge dessen die sich daraus entwickelnde Beziehung sein: Dankbarkeit oder Enttäuschung sind die wahrscheinlichsten Pole der Rückwirkung auf den Anbieter. Daß die Enttäuschung beim einen sich schließlich auch negativ für den anderen auswirken wird, liegt auf der Hand: Negative Grundannahmen schlagen zurück und haben außer der sich selbst bestätigenden Voraussagekraft meist noch eine objektive Verschlimmerungstendenz. Bei den Vorgesetzten wird sich die Meinung bilden: Der Mann hat mich nicht nur mißverstanden und mir schlechte Absichten unterstellt, er hat auch keine Lust und ist wahrscheinlich mit der Aufgabe überfordert. In Zukunft sollte ich ihm solche Angebote nicht mehr machen. Es lohnt sich auch nicht, sich mit ihm darüber weiter zu unterhalten. Um einen so mißmutigen Menschen macht man am besten einen Bogen.

Das hat der Betroffene nun auch wieder nicht gewollt. Da im Grunde jeder das Gute will, kommt es leicht zu einem Konflikt, vor allem bei dem, der immer das Schlimmste erwartet: Soll er vertrauen, oder soll er mißtrauen? Im ersten Fall riskiert er die Enttäuschung, im zweiten die vielleicht noch schlimmere Bestätigung oder sogar Verschlechterung. Dieser Konflikt ist ein Ausdruck des Grundkonfliktes menschlicher Existenz überhaupt.

Die Kunst besteht also darin, nicht zu wenig und nicht zu viel zu erwarten, nicht zu positiv und nicht zu negativ eingestellt zu sein, aber doch immer das Positive überwiegen zu lassen, einfach, weil es in sich schon eine tatsachenschaffende Kraft hat. Positive Grundannahmen haben die Tendenz, sich zu bestätigen und sich zu erfüllen. Dies wird manchem vielleicht etwas wenig erscheinen, aber es enthält das Geheimnis aller Gelassenheit und ist die Voraussetzung allen Glücks.

Mut zu mir
und
Mut zu dir

Wohin denn ich? Es leben die Sterblichen
Von Lohn und Arbeit; wechselnd in Müh und Ruh
Ist alles freudig; warum schläft denn
Nimmer nur mir in der Brust der Stachel?

FRIEDRICH HÖLDERLIN
Abendphantasie

Machen Sie als erstes den folgenden kleinen Schritt: Treten Sie vor einen großen Spiegel, und sprechen Sie zu sich selbst: »Ich bin etwas Einmaliges. Es gibt mich kein zweites Mal!« Sie gelangen auf diese Weise vielleicht am schnellsten zu einem wichtigen Entschluß: sich selbst so zu akzeptieren, wie Sie sind.

Belasten Sie beispielsweise Ihren Urlaub nicht mit Zwängen wie: Ich muß unbedingt nußbraun werden! Ich muß viel gesehen haben! Ich muß schnell und möglichst ohne Pause sehr viele Kilometer hinter dem Autosteuer verbringen! Solche Zwänge nimmt man meistens nur auf sich, um zu imponieren. Man spielt eine Rolle.

Leider ist unser Leben so geworden, daß die Umwelt jeden Tag ein ganzes Bündel von Erwartungen in uns setzt, die wir, wenn wir tragbar sein wollen, erfüllen müssen, die wir aber nur erfüllen können, indem wir Rollen spielen. Am Arbeitsplatz wird eine solche Anpassungsrolle ständig erwartet, im Kreise der Familie genauso eine andere. Nur bei ganz wenigen Gelegenheiten können wir unsere Rollenpflicht ignorieren. Dem Chef freundlich ins Gesicht zu lächeln, statt ihm, wozu wir die größere Lust hätten, deutlich die Meinung zu sagen, ist eine Rolle wider die Natur.

Spielen wir fast nur noch Rollen, entfernen wir uns immer mehr von uns selbst. Diesem Trend kann jeder vorzubeugen versuchen, und zwar so: Geben Sie den Rollen mit Initiative und Engagement soviel Profil wie möglich, drücken Sie ihnen Ihren ganz persönlichen Stempel auf. Auf diese Weise bleiben Sie sich selber noch am ehesten treu. Denn schließlich müssen Sie nicht das Leben eines anderen, sondern Ihr eigenes Leben gestalten.

Daraus lassen sich Empfehlungen ableiten: Ergibt sich ein Problem, dann nicht als erstes fragen, wer es für mich aus dem Weg räumen könnte, sondern was ich selbst für die Lösung tun kann. Nicht die Hände in den Schoß legen, den Kopf in den Sand stecken und alles auf die lange Bank schieben, sondern die Initiative ergreifen und zupacken.

Leider ist unsere mehr und mehr verwaltete Welt dazu angetan, dem einzelnen durch die Gemeinschaft abzunehmen, was er in vielen Fällen auch selbst erledigen könnte. Es wird also vom Staat nicht nur Hilfsbedürftigkeit gelindert, sondern auch neue Schwäche geradezu gefördert.

Der Drang nach Selbstbestätigung sollte jedoch in jedem soviel Aktivität auslösen, daß er sich selbst zu helfen versteht und gewissermaßen zu seinem eigenen Vorteil ständig den Muskel seiner Existenz trainiert.

Zu sich selbst finden und Mut wider das Rollenspiel entwickeln heißt auch, weder dem Gestern nachzutrauern noch der Zukunft vorauszueilen, sondern den Augenblick, der gerade jetzt angeboten ist, zu nutzen.

Deshalb sollte sich jeder angewöhnen, alle Situationen ernst zu nehmen und in dem Moment, da sie sich anbieten, darauf einzugehen. Zu viele Menschen machen sich unglücklich, weil sie sich im Gestern verlieren und dem nachhängen, was war oder hätte sein können. Sie entwerten die gelebte Zeit zur Nach-Zeit.

Die anderen, die nur von der Zukunft träumen und die Chancen übersehen, die sie heute haben, degradieren den Augenblick zur Vor-Zeit. Aber nur das Jetzt, nur der Augenblick zählt. An ihn sollten wir uns halten, ihm uns öffnen und hingeben. Nur er enthält die Dimensionen des Glücks, die dann allerdings weit in die Vergangenheit und in die Zukunft reichen können.

Jede verpaßte Gelegenheit, so weiß der Volksmund, schmerzt doppelt. Üben Sie deshalb, die Chancen, die der

Augenblick bietet, zu nützen, ohne Aufschub zu sehen und zu fühlen, zu staunen und sich zu freuen, zu lieben und zu trauern, zu geben und zu nehmen.

Tun Sie alles, was Ihnen gut erscheint, und erfüllen Sie sich Ihre Wünsche. Die Devise sollte lauten: Ich will jetzt leben – nicht gestern und nicht morgen. Je intensiver der Augenblick genutzt wird, desto erfüllter erscheint die Summe des Lebens, desto fester wird der Boden unter den Füßen auf dem Weg in die Zukunft.

Natürlich muß man wissen, was man will, denn auch das ist wichtig, wenn man zu sich selbst finden möchte. Viele wissen nämlich nicht, was sie eigentlich wollen, und lassen sich deshalb um so bereitwilliger den Willen anderer aufzwingen. Bei ihnen hat sich die natürliche Willensrichtung umgekehrt.

Normalerweise verläuft sie zentrifugal, also vom Zentrum, wo sich Wunsch und Wille bilden und festigen, nach außen. Dort beginnt die Realisierung. Ist diese Richtung umgekehrt, also zentripetal, nimmt der Mensch den Willen von außen auf und versucht, ihm in sich Raum zu geben. Das Ergebnis: zu starke Unterdrückung des eigenen Wesens, eine Art Selbstverkümmerung, Überfremdung und die große Gefahr, in starke Abhängigkeit zu geraten. Tatsächlich wissen viele kaum oder gar nicht, was sie wollen, immerhin aber sehr gut, was sie nicht wollen.

Um selbstsicher zu sein und auf die Dauer glücklich und erfolgreich, muß ich wissen, was ich will, und muß eine positive Meinung von mir haben.

Nur wer sich selbst bejaht, kann glücklich sein. Wenn Sie etwas Besonderes leisten wollen, müssen Sie etwas Besonderes von sich halten. Trauen Sie sich etwas zu! Das ist die nötige, wenn auch nicht ausreichende Voraussetzung, um etwas zu leisten, um glücklich zu sein. Wer an sich zweifelt, kann schnell verzweifeln, wer hingegen ja sagt zu sich und zum Leben, sagt auch ja zur Umwelt, zum Du. Er wird selbst glücklicher und macht andere glücklich.

Man kann natürlich das Jasagen auch übertreiben, es zum Selbstkult, ja zum Götzendienst machen bis hin zum krassen Egoismus, das wäre das andere Extrem. Nein, nehmen Sie ohne Voraussetzungen Ihre Existenz als gegeben hin mit allen guten und schlechten Seiten. Akzeptieren Sie Ihr Wesen mit allen Stärken und Schwächen! Akzeptieren heißt jedoch nicht: So ist es, und ich kann nicht daran rütteln oder etwas ändern. Machen Sie Selbstbilanz, erst dann können Sie Ihre Fehler überwinden. Stellen Sie dabei Fehler fest, die Sie nicht ändern können – und wer hat solche nicht? –, dann vermeiden Sie einfach Situationen, in denen diese Fehler offenkundig werden. Vermeiden Sie also solche Fallstricke, denn eine erkannte Gefahr ist eine halbe Gefahr.

Seien Sie kein dauernder Pechvogel. Decken Sie Ihre Schwäche nicht auf, wenn man Sie herausfordert. Machen Sie lieber aus einer Schwäche eine Stärke! Denn in Ihren Schwachpunkten sind Sie auch sensibler und verständnisvoller. Nur übermächtiges Kräftemessen sollten Sie vermeiden.

Das Gefühl »Ich sage ja zu mir« geht aus der Tiefe meines Seins hervor, fast wie ein Glaubensakt. Es ist verknüpft mit einem Urvertrauen, einem Gefühl der Geborgenheit, der bejahenden Grundeinstellung, der Hoffnung, des Optimismus, einer Zuversicht. Mit diesen Gefühlen sind Sie gegen Zweifel und Verzweiflung gefeit.

Diese Zuversicht, dieses Urvertrauen haben Ihnen Ihre Eltern, besonders Ihre Mutter, in frühester Kindheit vermittelt. Sie wurden geliebt und waren geborgen, anerkannt und bejaht. Erst dadurch haben Sie gelernt, andere anzuerkennen und zu lieben.

Wenn Sie Schwierigkeiten mit der Ichbejahung haben,

üben Sie sie ein, aber langsam, behutsam und stetig. Gehen Sie wie beim Gebet in sich und sagen Sie sich regelmäßig vor: »Ich mag mich, ich liebe meine Freundlichkeit, Hilfsbereitschaft, ich bin intelligent, kontaktfreudig, stark, ich mag mich. Ich akzeptiere es auch, wenn ich schwach, empfindsam, traurig, inkonsequent bin.« Gewinnen Sie so allmählich eine positive Beziehung zu sich selbst. Lassen Sie sich nicht nur von anderen anerkennen, sagen Sie ruhig mal: »Mensch, heute warst du wirklich gut.«

An sich arbeiten

Fast ein Drittel unseres Erwachsenenlebens verbringen wir mit Arbeit. Um freudig arbeiten zu können, müssen Sie an sich arbeiten. Dauernd gegen äußere und innere Widerstände zu kämpfen wäre ungesund. Auch bei Gegenwind kommt ein Segler weiter, wenn er nicht den genauen Gegenwindkurs segelt, sondern gegenkreuzt. Ja es macht sogar mehr Freude, »hart am Wind« zu steuern, als bequem mit Rückenwind zu segeln; man spürt den Wind, der einem ins Gesicht bläst. Widerstände zu überwinden macht Spaß.

Durch ein paar Tricks verwandeln Sie die Unlust an der Arbeit in Lust, verwandeln Sie sich aus einem Arbeitssklaven in einen Lebenskünstler. Zaudern Sie nicht, sondern fangen Sie gleich an. Schieben Sie nichts auf. Schon als Kind hörten wir die Mutter mahnen: »Erst die Arbeit, dann das Spiel!« Das Problem ist oft nicht die Arbeit selbst, sondern das Zaudern. »Packen wir's an«, heißt ein Werbeslogan. Schweifen wir nicht ab! Wenn alles gleich erledigt wird, ist immer sofort aufgeräumt. Der Schreibtisch, die Küche sind aufgeräumt, und wir fühlen uns »aufgeräumt«. Wir haben ein inneres Wohlgefühl und strömen heitere Gelassenheit aus. Auf wessen Schreibtisch sich Unerledigtes türmt, wessen Spültisch mit schmutzigem Geschirr blockiert ist, der wird zum Sklaven seiner Arbeit. Er ist von dem »unerledigten Haufen« ummauert. Der Chef schaut immer grimmiger und der Ehemann abends immer böser drein. Keine Arbeitsfreude ohne reinen Tisch, kein Überhang von gestern. Wenn der Druck der unerledigten Arbeit fehlt, kann die eigentliche Freude aufkommen.

Wenn Sie gleich zupacken und Ihr Arbeitspensum Schritt für Schritt zweckmäßig, sorgfältig und zügig – ohne zu bummeln und sich ablenken zu lassen – ausführen, wird aus der Arbeitslast eine Arbeitslust. Teilen Sie Ihre Arbeit ein. Machen Sie sich ein Arbeitsprogramm. Dann werden aus einem unübersichtlichen Arbeitsberg kleine, gut »verdauliche« Portionen.

Überfordern Sie sich nicht, sonst wächst Ihnen alles über den Kopf, aber unterfordern Sie sich auch nicht, sonst sind Sie nicht ausgefüllt. Ihr Kopf sollte immer oben bleiben und die Übersicht nicht verlieren. Dann haben Sie das Gefühl: Ich kann es, ich schaffe es. Das gibt Auf- und Antrieb.

Sie arbeiten nicht nur, um mit Ihrem Beruf klarzukommen, auch Ihr häusliches Leben muß stimmen. Damit das klappt oder zumindest besser klappt, müssen Sie weiter an sich arbeiten. Lassen Sie sich nicht gehen. Sie investieren Energie und Anstrengung, bekommen aber wie beim Sparbuch alles mit Zinsen überreichlich zurück. Stellen Sie einen Tagesplan auf, in dem festgelegt wird, was zu welchem Zeitpunkt getan wird oder getan werden müßte. Sind Sie ein Morgenmuffel? Vielleicht haben Sie morgens einen zu niedrigen Blutdruck. Dann helfen vielleicht Gymnastik, ein Medikament, ein Glas Sekt oder – wenn möglich – eine Umstellung des Tagesplanes mit der Verlagerung des Arbeitspensums auf die Nachmittags- oder Abendstunden. Teilen Sie sich Ihre Arbeit so ein, daß unter dem Strich nach 24 Stunden alles getan ist. Geben Sie sich selbst Dienstanweisungen als Ihr eigener Vorgesetzter. Belohnen Sie sich selbst bei guter Leistung mit der Erfüllung eines kleinen Wunsches, »bestrafen« Sie sich aber auch bei Schlamperei mit ein bis zwei Überstunden.

Nicht nur für Ihren Beruf und Ihr häusliches Leben, auch an Ihrem Äußeren müssen Sie arbeiten. Ein gepflegtes Aussehen hat nichts mit Eitelkeit zu tun. Erfolg in Beruf und Privatleben hängt auch mit Ihrem Äußeren zusammen. Hinter einer hübschen Larve kann sich zwar ein hohles Inneres verbergen, doch allzuoft schließt man vom schlampigen Aussehen auf einen schlampigen Charakter. Dezent und gepflegt, nicht aufdringlich, heißt die Parole. Aber ohne an Ihrem Inneren, Ihrem Herzen, Verstand und Charakter zu arbeiten, fehlt Ihrem ganzen Ich, Ihrer Persönlichkeit das Wesentliche, der Kern, der Motor des Ganzen.

Arbeiten Sie an Ihrem Charakter. Der Mensch entwickkelt sich bis zu seinem Tode, er ist niemals fertig, die Entwicklung ist niemals abgeschlossen. Überwinden Sie Ihren inneren Schweinehund. Das kann etwas ganz Banales sein: Wenn morgens der Wecker um sechs Uhr klingelt, springen Sie gleich mit einem hurtigen Satz aus dem Bett, statt sich nochmals umzudrehen und sich noch ein Viertelstündchen zu gönnen. Vielleicht hilft Ihnen eine Autosuggestivformel, die Sie sich abends mehrmals und gleich morgens nochmals vor Ihrem geistigen Auge hersagen: Morgen früh beziehungsweise jetzt um sechs Uhr bin ich frisch, fröhlich, munter, frei.

»Carpe diem, pflücke den Tag«, das heißt, genieße den Augenblick, gerade jetzt in dieser Sekunde, heißt es in einem alten lateinischen Gedicht. Das Entscheidende und die Entscheidung finden im Augenblick, jetzt, und nicht irgendwann statt. Viele leben im Gestern oder Morgen, können sich von Vergangenheit oder Zukunftsträumen nicht lösen und werden unglücklich. Vor zuviel Gestern und zuviel Morgen vergessen sie die Gegenwart, den Augenblick, und damit verlieren sie ihr Leben. Denn die gelebte und erlebte Zeit findet jetzt und nicht gestern oder morgen statt. In Zukunftsträumen wollen manche das Glück ergreifen. Doch es ist wie ein Schattenjagen; so wie man kaum einen glitschigen Fisch im Aquarium mit einer Nadel trifft, so entwischt die Zukunft, wenn man sie erhaschen will.

Gerade heute fliehen viele aus der Gegenwart. Im Alter vergoldet sich die Vergangenheit. Alte Musik, alte Kunst, die Mode von gestern sind »in«, Evergreens über Evergreens! Junge Leute flüchten vor der Zivilisation in ein scheinbar romantisches Landleben, in die Blumenwelt, in Halluzinationen und Traumwelten. Wieder andere flüchten aus der Gegenwart in die Utopie und in allzuoft gnadenlos utopische Systeme. In solchen politischen Systemen werden für die bessere Zukunft skrupellos Tausende von Menschen der Gegenwart geopfert. Die meisten Revolutionen arbeiten mehr oder weniger mit blutigen Krediten auf die Zukunft, wie die Geschichte in vielen traurigen Beispielen lehrt. Ein Tröpfchen Utopie hingegen mag nützlich sein beim Prinzip der Hoffnung, denn der Mensch ist ein hoffendes Wesen. Und dies brauchen wir, um die Wirklichkeit zu verbessern. Aber die Wirklichkeit muß auch als Prüfstein dienen, an dem sich jedes Tröpfchen Utopie messen lassen und bewähren muß.

Die Vergangenheit ist geschehen und somit unabänderlich, die Zukunft ist ungewiß, noch nicht prüfbar. Nur die Gegenwart, das heißt der Augenblick, ist gestalt- und genießbar. Nur im Augenblick kann sich Freiheit vollziehen. Nur im Augenblick hat jeder Mensch eine Chance zu beeinflussen, zu ändern.

Ein Alkoholiker, arbeitslos, von Familie und Freunden verlassen, körperlich und seelisch ein Wrack, spricht nach dem dritten Alkoholdelirium und dem zweiten Selbstmordversuch während der Entgiftung mit dem Arzt oder Suchtberater. So würde man ihn beraten: Grüble nicht, zermartere dich nicht wegen deiner verpfuschten Vergangenheit! Ziehe einen Schlußstrich unter dein bisheriges Leben, nutze diesen Augenblick, fange neu an! Jedes Glas Bier, das du jetzt nicht trinkst, die Entwöhnungskur, die du jetzt antreten wirst, die Selbsthilfegruppe, an der du jetzt teilnimmst, bringt dich weiter, jetzt und nicht gestern und nicht morgen.

Gefährlich geradezu könnte der starre Blick auf die Zukunft werden, wenn Sie Ihre Entscheidungen immer wieder verschieben. Nur wer sofort handelt, kann wirksam ändern. Wenn Sie etwas auf die lange Bank schieben, ist Ihr Tun um so unwirksamer, je »länger die Bank« ist.

Ich lebe im Augenblick, das bedeutet nicht blinden Augenblicksgenuß um jeden Preis, heißt nicht, meine Augenblicksgelüste sofort zu befriedigen. Aber ich mache das, was mir jetzt gut scheint. Ich erfülle meine Wünsche. Ich gönne mir etwas. Ich habe so kein Gefühl, entsagen und verzichten zu müssen. Ich schaue nicht frustriert mit misepetriger Miene in der Weltgeschichte umher. Ich lebe und erlebe jetzt. Ich vergleiche nicht mit gestern oder morgen oder mit anderen. Wesentlich kann ich nur so leben, nur so ein wesentlicher Mensch werden, ein Mensch nach meinem Wesen. Denn ich will kein »eigentlicher« Mensch sein, wie die Hausfrau mit drei Kindern, die ihrem Mann im Geschäft hilft, aber »eigentlich« eine Karriere als Schauspielerin hätte machen können. Kein »eigentlicher« Mensch wie jener Buchhalter, der eigentlich ein erfolgreicher Industrieller geworden wäre, wenn man seine Verbesserungsvorschläge beachtet hätte. Eigentliche Menschen sind, zumindest versteckt, traurige Menschen, sie haben den richtigen Augenblick versäumt; ihre Beziehung zu ihren Mitmenschen ist gestört.

Auch mit sich selbst kommen die »Eigentlichen« nicht ins reine. Ein wesentlicher Mensch verhält sich ganz anders: Er löst das »Ich-Du«-Problem aus dem Augenblick heraus, indem er im Augenblick lebt. Seines Wertes, seiner

Möglichkeiten und Interessen bewußt, ist der wesentliche Mensch offen für die Wünsche und Interessen des anderen, selbstbewußt und unbefangen. Verquälte Selbstlosigkeit und schlechtes Gewissen bringen nichts. Wenn der andere hingegen weiß, daß ich meine Eigeninteressen vertrete, wird er auch seine unbefangen vertreten, und dem erfolgreichen Dialog und Kompromiß zu beider Zufriedenheit steht nichts mehr im Wege.

An das Leben glauben

Zwei Bilder ziehen an meinem geistigen Auge vorbei: Wir sitzen beim Sonntagsfrühstück, mein kleiner Sohn spielt im Laufstall und kräht fröhlich vor sich hin, ein Bild von Glück, Idylle und Zufriedenheit.

Vier Uhr morgens, jähes, bösartiges Telefonschrillen schreckt den diensthabenden Arzt aus seiner nur allzu kurzen Nachtruhe. Schlaftrunken schlüpft er in die Hose und rast in die Ambulanz. Ein zwanzigjähriges Mädchen liegt blutüberströmt, bewußtlos auf der Trage. Viel ist vom Sanitäter nicht zu erfahren. In einer Ecke eines Kohlenkellers in einem Mietshaus haben Nachbarn sie zufällig gefunden. Gerade noch rechtzeitig, wie sich später herausstellt. Der Hals der Selbstmörderin ist aufgesäbelt, ein leeres Röhrchen Schlaftabletten wurde bei der Patientin gefunden. Was für eine Energie, Verzweiflung und Aggression gegen sich selbst müssen dahintergesteckt haben.

Zwei Bilder, beide hängen eng mit dem Leben zusammen, ein frohes, zukunftsvolles Leben, ein fast weggeworfenes Leben. Den Wert des Lebens erfahren wir erst in Ur- und Grenzsituationen wie Liebe, Freude, Geburt, Angst, Trauer, Krankheit und Tod.

Gestern rief mich aufgeregt ein alter Freund an, seine Stimme zitterte, durch den Telefondraht bekam ich gewissermaßen seine Angst mit. Erst vor drei Wochen hatte er ein nagelneues Auto gekauft. Jetzt wurde ihm ein unbeleuchteter Sattelschlepper auf der Landstraße zum Verhängnis. Der Wagen Totalschaden, bei meinem angeschnallten Freund nur eine Kopfplatzwunde. – Ein schwerkranker Patient, alle hatten die Hoffnung schon aufgegeben, gesundete überraschend wieder. – Selbst ein Krebskranker, dem die Ärzte noch ein halbes Jahr gegeben haben, kämpft um jede Minute seines rasch verrinnenden Lebens. In allen Beispielen wurde an das Leben geglaubt, sei es an das zukunftsträchtige, das verlorene, das ablaufende. Der Mensch hofft. Ohne Hoffnung kein Glaube. Der Glaube an das Leben, selbst in zutiefst verzweifelten Situationen, ist eine wesentliche menschliche Eigenschaft. Nur wer an das Leben glaubt, kann über-leben. Denn der Glaube, der Optimismus, stärkt ihn und wappnet ihn gegen alle inneren und äußeren Gefahren.

Ich glaube an das Leben, das heißt an mein persönliches Leben, aber auch überhaupt an menschliches Leben, an das Leben meiner Mitmenschen, der Menschheit schlechthin.

»Suae quisque fortunae faber est« (Jeder ist seines Glükkes Schmied), so lautet ein altes lateinisches Sprichwort. Jeder von uns hat nur ein Leben – sein Leben, und für dieses eine Leben ist er verantwortlich. Den größten Teil unseres Lebens erleben wir bewußt. Verfügen Sie verantwortlich und frei über Ihr Leben – Sie dürfen und müssen es. Machen Sie das Beste aus Ihrem Leben. Nur wenn Sie dies bewußt tun, sind Sie frei und fühlen sich wohl.

Erst wenn Sie sich für sich selbst entscheiden, beginnt Ihr Glück. Leben Sie Ihr eigenes Leben, lassen Sie es nicht von einem anderen leben. Denn Sie sind für Ihr Leben verantwortlich, diese Verantwortung kann Ihnen niemand abnehmen. »Ich bin zuerst für mich verantwortlich«, sagen Sie sich diesen Satz jeden Morgen beim Aufstehen! Jeden Morgen müssen Sie immer wieder aufs neue den Sprung auf Ihre Füße wagen.

Gerade heutzutage gibt es immer mehr Verwaltung, mehr sozialen Rechtsstaat, mehr soziale Absicherung – aber auch immer mehr Schwache und Hilfsbedürftige. Die große Solidargemeinschaft nimmt dem einzelnen (zu?) viel ab, vielleicht auch etwas, was er noch selbst leisten könnte. Auch der Sozialstaat sollte zunächst Hilfe zur Selbsthilfe leisten. Alle Verantwortung, alles Handeln nur abzunehmen, dies erzeugt Schwäche und Hilfsbedürftigkeit – ein Teufelskreis.

Wenn Sie in Schwierigkeiten stecken, müssen Sie sich also zunächst fragen: Wie kann ich selbst das Problem lösen? Und nicht: Wer hält für mich die Lösung bereit? Noch schlimmer wäre es zu sagen (und leider ist dies eine verbreitete Einstellung): Ich mache zunächst mal gar nichts, irgend jemand wird sich schon finden. Vielmehr muß ich mich fragen: Wie kann ich selbst verantwortlich handeln? Mit dem etwas pathetischen Begriff Verantwortung ist hier keineswegs etwas schwerwiegend Sittliches gemeint. Nein, im Grunde nur etwas ganz Simples: Wie stimme ich mit mir selbst überein? Ständig muß ich die Muskeln meines Seins trainieren; nicht große moralische Verpflichtung, sondern einfach der Wille zur Selbstverwirklichung treibt mich an. Erst wenn ich meine Wünsche, meinen Willen spüre, mein Ich »rieche, schmecke und taste«, beginnt mein wirkliches Leben.

Mit einem kaum hörbaren »Guten Morgen« setzt Roland sich an den Frühstückstisch. Verdrießlich beißt er in sein Brötchen, schlürft seinen Kaffee hinunter. Ein ausgesprochener Morgenmuffel, könnte man meinen. Es geht ja vielen Menschen so, wenn sie morgens noch nicht ausgeschlafen sind. Doch Roland ist überhaupt ein in sich gekehrter Mensch, meistens mit ernster Miene und oft unzufrieden. Dabei hat er eigentlich gar keinen Grund, mürrisch dreinzublicken. Als Prokurist einer größeren Firma hat er Karriere gemacht. Seine hübsche Frau liest ihm jeden Wunsch von den Augen ab, und seine beiden Kinder sind wohlgeraten. Das Glück hat ihn bisher noch nicht im Stich gelassen. Er begreift nicht, wie seine Frau schon am Morgen pfeifend den Kaffeetisch decken kann. Sein Gesicht bleibt stets verschlossen, auch als sie ihm zum Abschied einen Kuß gibt und ihm einen schönen Tag wünscht.

Dabei ist doch jeder Mensch von Natur aus positiv eingestellt, jedenfalls so weit, daß er das Positive sucht. Wenn wir Friedrich Schiller zitieren, der in einem Vers sagt: »Freude heißt die starke Feder in der ewigen Natur, Freude, Freude treibt die Räder in der großen Weltenuhr«, dann könnte man meinen, daß der lebensfrohe Optimist länger lebt als der zweifelnde Pessimist. Optimismus bedeutet nicht Leichtsinn, sondern unseren ganzen Willen, uns am Leben zu erfreuen, das Gute zu sehen und dankbar aufzunehmen.

Der Mensch ist kein Einzelgänger, denn unsere Sinne sind nach außen gerichtet. Einsamkeit und Isolation machen nachweislich sogar krank. Wenn es um Gut, Geld und Karriere geht, ist der Blick unbeirrt nach vorn gerichtet. Warum können wir sonst so selten auf die Menschen zugehen? Warum nicht ein Lächeln verschenken, das ganz bestimmt auf uns zurückkommt?

Ein Kind, das heiter und fröhlich auf uns zugeht, ist der beste Beweis dafür. Seine aufgeschlossene Miene weckt Sympathien, man wendet sich ihm zu und wird selbst froh und heiter in seiner Gegenwart. Möchten wir nicht manchmal die ganze Welt umarmen, wenn wir glücklich sind? Warum tun wir es nicht, soweit es möglich ist? Wohl jeder ist doch fasziniert von der Lebensfreude, die ein freundlicher, aufgeschlossener Mensch ausstrahlt.

Es gibt Menschen, die nur noch nach Höherem streben und Dinge, die sie täglich erleben, als selbstverständlich hinnehmen: den blauen Himmel, das bunte Laub der Blätter im Herbst, den freundlichen Gruß des Nachbarn. Dies alles sollte uns fröhlich stimmen und glücklich machen, denn was wären wir ohne sie. Und Glück kann doch nur der ausstrahlen, der sich selbst noch freuen kann. Wie wir das Leben sehen, spiegelt sich in unseren Augen und unserem Wesen wider. Glück ist Ausdruck der Liebe zu anderen Menschen. Wir alle müssen die Bereitschaft, uns verzaubern zu lassen, in uns tragen und auch auf andere Menschen ausstrahlen können.

Widerstände erkennen und überwinden

Probleme, Konflikte, Widerstände, Hemmungen müssen Sie rechtzeitig erkennen und akzeptieren, sonst können Sie sie nicht zielbewußt lösen. Der Mensch in seiner Schwäche neigt dazu, Widerstände wegzuwünschen und schließlich wegzuschieben. Er schließt vor Problemen die Augen. Auf verschiedene Weise kann er Probleme »negativ« verarbeiten: Er kann sie verdrängen, verschönern, verlagern, sich ärgern und schließlich verzweifeln.

Ein Mensch, der besonders zielbewußt und am Erfolg orientiert ist, neigt natürlich eher dazu, Widerstände zu verdrängen. Er übersieht eigene oder fremde Fehler und Schwächen. Er unterdrückt ein unbehagliches Gefühl dabei. Was ihn auf dem Wege zu seinem Ziel hindert, erscheint dem Ehrgeizigen von Übel. »Es darf einfach nicht da sein« – nach dem Motto: »Was nicht sein darf, ist auch nicht«. Wenn es dann wirklich nicht mehr zu übersehen ist, fällt es ihm wie Schuppen von den Augen. »Warum habe ich das nicht gleich gesehen? Jetzt habe ich die Quittung, ich bin ganz schön blöd gewesen!« Übersehen, ignorieren, aktiv verdrängen – das löst keine Probleme, überwindet keine Widerstände.

Oft wollen zum Beispiel Eltern einfach nicht wahrhaben, daß ihre Kinder größer geworden sind. Immer werden sie noch als Kleinkinder bekuschelt, bleiben »eingenestelt«. Um ein anderes Beispiel zu nennen: Es könnten Eheprobleme entstehen, wenn ein Partner nicht bemerkt, wie sich der andere verändert, wenn er hartnäckig übersieht, daß sein Gegenüber auch Wünsche hat, etwas erwartet. Oder im Betrieb gibt es Schwierigkeiten, wenn die Betriebsführung die wirtschaftlich geänderte Situation über- sieht, sich nicht anpaßt, starr und unflexibel bleibt, bis es zu spät ist und Konkurs angemeldet werden muß. In allen Beispielen das gleiche Prinzip: Erst werden kleine Schwie- rigkeiten unter den Teppich gekehrt, bis aus einem harm- losen, noch gut bekämpfbaren Schwelbrand eine Katastro- phe riesigen Ausmaßes geworden ist. Jetzt ist es zu spät, die beste Feuerwehr könnte nichts mehr ausrichten.

Die zweite Möglichkeit, sich mit Widerständen negativ zu befassen, ist die, daß ich sie verschönere. So schlimm ist es doch gar nicht, nur eine kleine Blechbeule am Auto; der Motor, die Karosserie werden schon nichts abbekommen haben. Bisher ging alles gut, ich arrangiere mich und wurschtele so weiter. Warum wird es nicht weiterhin gut- gehen? Wie der Mann in dem alten Witz, der vom 20. Stockwerk runtergesprungen ist und, im 4. Stockwerk an- gelangt, sagt: »Bis jetzt ging alles gut, warum nicht weiter- hin?«

Verschönern, umdeuten löst höchstens vorübergehend oder oberflächlich die Probleme. Mit Wortkosmetik kann man Tatsachen bemänteln, mit einer sogenannten »Sprachregelung« einen scheinbaren Konsens erbringen, aber auf lange Sicht bringt das nichts.

Die Sprache entlarvt sich selbst: Kunstbeinträger statt Krüppel, Entschlafener statt Toter, Schwangerschaftsun- terbrechung (an sich ist dieser Begriff sowieso unsinnig, es müßte Schwangerschaftsabbruch heißen) statt Abtrei- bung. Widerstände muß man in vollem Umfang sehen und annehmen.

Drittens schließlich kann man Probleme und Wider- stände verlagern. Einen schwierigen Einzelfall verschiebe ich auf die unproblematische Ebene des Allgemeinen. Wenn mein Umsatz zurückgeht, analysiere ich nicht die Ursachen, sondern beklage mich allgemein über die nachlassende Arbeitsmoral, auf niemand könne man sich mehr verlassen, die Gewerkschaften machten die ganze Wirtschaft kaputt. Es besteht ein völliges Mißverständnis zwischen Wirklichkeit und Vorstellung.

Eigene Probleme werden auch auf andere Menschen »projiziert«. Schuld wird so weggeschoben, verlagert; Probleme hat man sich so aber nur scheinbar vom Halse geschafft.

Auch wenn ich mich massiv ärgere, was ja sehr häufig und sehr schnell passiert, komme ich nicht weiter. Es sei denn, ich setze meinen Ärger konstruktiv ein, um meine Situation zu verbessern. Korrekturen an mir selber, der ich das Problem trage, und Korrekturen an den Methoden, die ich bisher falsch angewandt habe, oder Korrekturen am Ziel selbst. Ärger ist nur dann nützlicher Ärger, wenn er konstruktiv verändernd wirkt. Nur als Stimmungsventil gebraucht, ist er höchstens zu vergleichen mit der Dampfpfeife einer veralteten Dampflokomotive: viel Schaum und nichts dahinter. Ärger kann sogar, auf die Dauer gesehen, krank machen.

Wenn laufend Widerstände nicht richtig überwunden und bearbeitet werden, verzweifle ich schließlich irgendwann einmal. Ich bin in eine Sackgasse geraten. Ich weiß weder ein noch aus. Letztlich werden so aus jedem ungelösten Problem, aus jedem Widerstand, vor dem ich steckenbleibe, Depression und Verzweiflung.

Jetzt weiß ich es also, wie ich es nicht machen soll. Wie kann ich hingegen Konflikte, Probleme und Widerstände positiv behandeln? Zunächst muß ich mich voll Mut mit dem ärgerlichen Sachverhalt auseinandersetzen. Gerade das, was man am meisten fürchtet, soll man sich besonders deutlich klarmachen. Wieder lautet das Motto: Flucht nach vorne. Eine erkannte Gefahr ist eine halbe Gefahr. Wenn das Schlimmste eintritt, kann es mich nicht oder nicht mehr so gefährlich treffen, da ich vorbereitet und gerüstet bin. Analysiere ich die Ursachen der Widerstände, kann ich den Grad meines Versagens feststellen. Habe ich zuviel verlangt? Erfolge für zu selbstverständlich erachtet? An eine immerwährende Weiterentwicklung geglaubt?

Vielleicht muß ich mich an mein Ziel anpassen in doppeltem Sinne? Mich an das Ziel oder das Ziel an mich, damit schließlich beides übereinstimmt. Denn das ist ein ganz wichtiger Lebensgrundsatz: Die Übereinstimmung mit sich selbst, die Übereinstimmung mit der Umgebung, und die Übereinstimmung mit seinen Zielen. Bei 10° bis 20° Kältetemperaturen kann ich die Heizung aufdrehen, mehr Gas, Öl oder Koks geben, und ich fühle mich wohlig warm. Bei sibirischen Temperaturen von weniger als 50° Minus komme ich so allerdings nicht weiter. Ich muß mich anpassen an die vorgegebenen Bedingungen. Ich könnte zum Beispiel meinen Kreislauf, meine Gefäße trainieren. Gerade in Finnland und Rußland ist ja die Sauna aus diesem Grunde beliebt.

Oft ist es besser, zu einer Lösung neu anzusetzen, als mit dem Kopf durch die noch allzu dicke Wand zu rennen. Gegen eine unbezwingbare Übermacht zu kämpfen könnte schließlich Selbstmord sein. Gewalt löst Widerstand aus, dies hatte auch Gandhi erkannt. Oft liegt in der Gewaltlosigkeit die größere Chance.

Die Tragödie der Eskalation kann oft durch Understatement (Unter-/Heruntertreiben) unterbrochen werden. Auch ein Lehrer von einer tobenden und schreienden Klasse erzielt die beste Wirkung, wenn er nicht brüllt, sondern immer leiser wird. Wenn bei einem Kongreß der Redner nach einer Kunstpause etwas Wichtiges mit fast flüsternder Stimme vorträgt, kann man eine Stecknadel fallen hören, so leise wird es werden. Jedes Husten, Rascheln und Niesen verstummt. Pädagogen, Psychologen, Rhetoriker, Politiker und Demagogen wissen um die psychologische Gesetzmäßigkeit, daß die Wirkung durch das Gegenteil oft am besten erzielt werden kann: Statt Übertreibung Untertreibung! Dieses Prinzip des Gegenteils, der Umkehr, des Gegensteuerns läßt sich auch an folgendem Beispiel gut demonstrieren: Ein Ehepaar bietet oft das Bild von zwei Seglern in einem Boot mit labilem Gleichgewicht. Es würde kentern, wenn die beiden Insassen es nicht dauernd im Gleichgewicht halten würden. Der eine neigt sich auf der einen Seite des Bootes weit über den Rand hinaus, er zwingt so den Partner auf der anderen Bootsseite, sich ebenalls noch weiter rauszulehnen, um das Boot zu stabilisieren. Jetzt muß der erste Partner sich noch weiter hinauslehnen, um auszugleichen. Man schaukelt sich so hoch und kann das Kentern doch nicht verhindern. Viel besser wäre es, statt sich hinauszulehnen, den Teufelskreis des Sich-Aufschaukelns zu unterbrechen und sich auf die Mitte des Bootes zu bewegen. Nur muß erstmal einer der Partner den Anfang machen, der andere wird dann bald entsprechend nachziehen. So kommt man zu einem vernünftigen, sicheren und bequemen Gleichgewicht – in einem Segelboot genauso wie in der Ehe.

Auch wenn sich Ehepartner kritisieren, können sie nach diesem Muster verfahren, und statt eines saftigen Ehekraches kommt es nur zu einem sanften, leicht abflauenden Ehegeplänkel. Eine Ehefrau hat zum Beispiel den Eindruck, ihr Mann sage ihr zu wenig, sie wisse nicht, ob er sie noch liebt, was er denkt und fühlt. Je mehr er sich ihr verschließt, desto intensiver wird sie nachforschen, ihr Unbehagen und Mißtrauen wächst. Dabei wollte der Ehemann aus Prinzip nur nicht alles sagen, auch banalste Sachen nicht. Sie brauche ja nicht alles zu wissen! Besser wäre es, er würde alles von vornherein bereitwillig erzählen. Ihr übertriebenes Interesse und ihre Neugierde würden dann bald von selbst verschwinden.

Gegensteuern, immer wieder gegensteuern. Denken Sie an eine massive stählerne Hängebrücke, die von wenigen Soldaten im Gleichtakt marschierend zum Einsturz gebracht werden kann. Probleme nicht erst hochspielen und gewaltig werden lassen. Vorher schon im Keime ersticken. Auch im Bereich der Sexualmedizin ist das Prinzip des Gegenteils oft therapeutisch wirksam: Ein Therapeut verbietet einem impotenten Ehemann den Geschlechtsverkehr und seiner Frau jegliche Erwartungshaltung. Schon nach kurzer Zeit wird vermutlich Erfolg eintreten. Im Bereich des Vegetativen gilt ebenfalls das Prinzip des Gegensatzes, der »paradoxen Intention«. Wer krampfhaft schlafen will, wird erst recht schlaflos. Wer unbedingt Stuhlgang haben will, wird erst recht unter Verstopfung leiden. Ist es einem hingegen gleichgültig, läßt man es einfach auf sich zukommen, will man es nicht verkrampft und angespannt erzwingen, kommt es von selbst. Man muß seine Schwächen akzeptieren, um sie zu überwinden. Am Anfang ist es besser, sich etwas zu unterfordern, die Kräfte zur Überwindung somit zu steigern. Ein Lehrer wird einem Kind, das etwas Bestimmtes nicht kann, mehr zur Leistung verhelfen, wenn er sagt: »Du mußt nicht, du brauchst auch nicht, du darfst.« Und plötzlich will und kann es das Kind.

So kann ich mir auch das Erröten abgewöhnen, indem ich mir vornehme zu erröten. Ich zwinge mich geradezu, setze es aufs Programm und stelle fest – es klappt nicht. Auch die Blamagen, das Versagen, die Unsicherheit im Zusammensein mit anderen Menschen, die ich mir meistens wegwünsche, kann ich mir geradezu »verschreiben«. Ich erkläre sie sozusagen zum selbsttherapeutischen Programm. Damit durchbreche ich ihre Automatik, problematisiere sie, verunsichere gleichsam den Gegner und habe auf alle Fälle die eingespielte Eigendynamik ihres Auftretens gestört. Damit bin ich allerdings selbst noch nicht ganz frei von Störungen, habe aber Abstand dazu, kann vielleicht darüber lächeln und das Ganze herunterspielen. Gelassenheit und Humor, die ja oft den Abstand von mir selbst gründen, sind wahrscheinlich überhaupt die besten Voraussetzungen für eine Selbsterziehung zur eigenen inneren Sicherheit. Gerade daß diese Sicherheit nicht das fanatisch ins Auge gefaßte Ziel, sondern das lässig gewonnene Nebenergebnis meiner Bemühungen ist, macht den Erfolg besonders wahrscheinlich.

Und noch eins ist wichtig: Ich verwende nicht zuviel Energie auf die Überwindung der Widersprüche, sondern richte sie in Form von Aufmerksamkeit auf mein Gegenüber. Indem ich den andern beachte, mich ihm zuwende, verliere ich mich selbst, meine Ängste und Problemchen, aus den Augen und kann mich darüber vergessen. Häufig werden allein dadurch schon Ängste und Hemmungen überwunden und für immer behoben.

Selbstsicherheit steigern durch Risiko

Vollendung! Vollendung!
Der Geister heiliges Ziel!
Wann werd ich siegestrunken
Dich umfahren und ewig ruhn?

FRIEDRICH HÖLDERLIN
An die Vollendung

Zur Psychologie des Scheuen, Schüchternen und Selbstunsicheren gehört ein geheimer und oft tief verhüllter Widerspruch: Der scheinbar ängstliche, sich klein fühlende, über wenig Selbstvertrauen und Ichstärke verfügende Mensch trägt tief in sich einen geheimen, aber starken und bohrenden Stachel nach Vollkommenheit und in seinen Ansprüchen nicht selten auch eine hochnäsige Arroganz. Mit Durchschnitt ist er nicht zufrieden, Kompromisse sind ihm im Innersten zuwider, auf Mittelmaß läßt er sich nicht ein. Er traut sich nichts zu, weil er zuviel von sich verlangt. Er hat Angst vor anderen und ihren Urteilen, weil er deren Urteile für ähnlich unerbittlich und absolut hält wie die eigenen und von der – irrigen – Auffassung ausgeht, die anderen würden diesen Urteilen eher gerecht. Weil unentwegt mit Selbstbeobachtung beschäftigt, hat er für eine unbefangene Fremdbeobachtung keine Zeit, ist deshalb ein schlechter Menschenkenner und verfügt nicht über die Gabe des Ausmaßes und der Proportion. Er kann nicht wirklich einschätzen, wie die anderen sind und was sie können. Die neidischen Vergleiche fallen von vornherein zu seinen Ungunsten aus. Und selbst wenn er von den andern auch keine hohe Meinung hat – von sich selbst hat er aufgrund seiner unerbittlichen Maßstäbe in jedem Fall eine schlechte.

Wie soll ein solcher Mensch auf einen grünen Zweig kommen, zu einer positiven Selbsteinschätzung und einem ausgeglicheneren Selbstwertgefühl gelangen? Muß er zu der Unerbittlichkeit der Maßstäbe, die er an sich legt, neue hinzufügen, oder heißt es gerade für ihn, daß er endlich lernt, sich zu lockern und alles etwas lässiger zu sehen?

Selbsterziehung oder Selbstenthemmung?

Wenn ich mein Leben verbessern will, muß ich mir Ziele setzen, und Ziele haben es mit Vervollkommnung und Vollendung zu tun. Sie bringen Spannung in das Leben, aber sie erzeugen auch Spannungen. Spannungen können auch gerade die Ursache neuer Zerrissenheiten sein, zum Beispiel der Ur-Zerrissenheit zwischen Sein und Sollen, Wirklichkeit und Wollen und damit auch zwischen Versuchen und Versagen, zwischen Vorsatz und Enttäuschung.

Selbsterziehung kann der ohnehin schon vorhandenen, oft gar als quälend empfundenen Lebensspannung noch einige Umdrehungen auf der Folterspirale zufügen. So leide ich unter der vergebens erstrebten Vollkommenheit, der erträumten, aber nicht erreichten Selbstsicherheit und nehme mir zusätzlich noch vor, selbstsicherer, stärker und vollkommener zu werden. Das kann kaum gutgehen, und dennoch kann ich ja nur weiterkommen, wenn ich mich Schritt für Schritt entwickle und steigere.

Am Anfang steht in jedem Fall ein Entschluß: Ich verliere meine störende Schüchternheit und gewinne wachsende Sicherheit. Jede Änderung beginnt mit einem Entschluß. Hierin liegt auch noch in keinem Falle ein Fehler. Die beginnen erst in dem, was möglicherweise auf einen solchen lapidaren Entschluß folgt. Ist es nur ein neuer stressender Kampf, der mich unfrei macht und unter zunehmende Zwänge setzt, oder kann das Programm der Selbsterziehung wirklich zu wachsender Sicherheit und Freiheit führen, und wenn ja: Wie bringt man dieses scheinbar paradoxe Kunststück zuwege?

Zunächst mache ich mir – wie bei jeder Einstellungs- oder Verhaltensänderung – klar, welche Vorteile meine Selbstunsicherheit bisher hatte. Denn – so unglaubhaft dies klingt – auch die negativsten Einstellungen haben für uns gewisse Vorteile, an die wir uns gewöhnt haben und mit denen wir Schluß machen müssen. Dies erscheint uns zunächst als Verlust – und wäre es nur der Verlust einer gewohnten Sicherheit.

Welcher Art können diese Verluste sein, die mit dem gleichwohl weitaus erstrebenswerteren Gewinn in Kauf genommen werden müssen? Der Selbstunsichere erregt leicht Bedauern und Schutzinstinkte bei den anderen, er kann sich anlehnen und die Härte des Lebenskampfes vermeiden. Er muß nicht zu sich stehen, braucht weniger Verantwortung zu übernehmen und kann sich seine Entscheidungen offenhalten. Er umgeht Konflikte und offene Ablehnung. Er muß sich für seine Gefühle nicht verantworten und ist rundum verbindlich und beliebt. Er muß sich nicht entscheiden.

Bei genauerem Hinsehen sind dies natürlich kaum Vorteile, und der einzige, die Beliebtheit, ist kein echter. Im Bewährungsfalle würde sie nicht weit tragen und ihre Fadenscheinigkeit erweisen. Der Selbstunsichere wird nicht ernst genommen und ist darum auch nicht wirklich beliebt. Die Vorteile sind nur Scheinvorteile. Und die Gewöhnung an sie hat lediglich zur Stagnation und einer gewissen Entwicklungsträgheit beigetragen.

Damit soll nun Schluß sein: Ich entschließe mich, den Weg zu mehr Sicherheit zu gehen. Darum mache ich mir zunächst auch einmal die Vorteile klar, die dies haben muß: Ich werde unabhängiger und fähiger, eigene Entscheidungen zu treffen. Meine Beziehungen zu anderen werden aufrichtiger, und ich werde eher respektiert. Ich bin mir meiner Gefühle stets bewußt, wenn ich sie nicht mehr zu verdrängen brauche. Ich kann leichter ausgeglichen und wirklich entspannt sein. Darüber hinaus vermag ich auch eher, Einfluß auf andere zu nehmen, Forderungen zu vertreten und mit Meinungen zu überzeugen. Ich kann meine Pläne leichter ausführen und dadurch meinen Lebensradius erweitern. Ich kann mir endlich den Luxus leisten, Wünsche zu hegen, Ziele ins Auge zu fassen, Pläne zu schmieden und sie auch in die Wirklichkeit umzusetzen. Ich vergrößere meine Freiheit und erweitere mein Menschsein.

Zusammengefaßt brauchen wir also ein Programm der Selbsterziehung und gleichzeitig eine enthemmende, lockernde Einstellung. Wir müssen bereit sein, Vertrautes zu verlieren, um Neues zu gewinnen.

Da Lernen nach dem entscheidenden Entschluß, der alles wendet, immer einer Reihe von Schritten bedarf, machen wir uns diese Schritte deutlich:

1. Ich umgehe nicht mehr, was ich bisher fürchtete.

2. Ich weiche meiner eigenen Angst nicht mehr aus, sondern mache sie mir vertraut und befehle ihr zugleich. Sie ist eine Kraft – in Gefahren sogar eine heilsame –, aber sie darf mich nicht überwältigen und beherrschen. Deshalb behandle ich sie wie ein ungezogenes Kind. Ich weise sie zurecht, rufe sie zur Ordnung, befehle ihr: »Schluß jetzt!« Kleine Ängste – und die des Schüchternen sind durchweg klein – lassen sich damit einschüchtern und in die Schranken weisen. Ich mache Ernst damit, mich nicht von ihnen überwältigen zu lassen, und bleibe »am oberen Ende des Tisches«.

3. Ich behalte meine Einstellungsänderung nicht für mich, sondern lasse sie über die Grenzen meiner persönlichen Sphäre dringen und anderen bekanntwerden. Ich mache Erfahrungen damit, wie ich wirke, wenn ich meine Mei-

nung klar, laut und deutlich äußere. Ich trete entschiedener auf und vertrete meine Wünsche und Interessen. Nur wenn ich Erfahrungen damit mache, wie dies ankommt, kann ich diese Entschiedenheit auch ausbauen, behaupten und notfalls verstärken. Eine nur gedachte Entschlossenheit ist nicht viel wert. Sie muß sich auch äußern und Rückmeldungen erfahren.

4. Ich lege mir Rechenschaft über die so gewonnenen Erfahrungen ab. So wie ich mir über meine Wünsche, Meinungen, Absichten und Vorsätze klarer werde als bisher, so auch über die Resonanz, die sie auslösen. Deshalb trage ich ständig einen kleinen Block oder ein Notizbuch bei mir und notiere dort meine Wünsche, aber auch meine Erfahrungen, also die Erfolge und Enttäuschungen gleichermaßen. Ich bin mir klar darüber, daß ich nicht nur Erfolge haben werde. Wer etwas riskiert, muß von vornherein Enttäuschungen einbeziehen. Ich bin bereit, sie hinzunehmen und auszuhalten.

5. Ich nehme Rückschläge nicht persönlich, Mißerfolge nicht als Versagen, Enttäuschungen nicht als deprimierende Niederlagen. Ich weiß, daß ein erheblicher Prozentsatz aller meiner Versuche, mich der Welt zu stellen, negativ ausgeht. Ich quittiere dies mit Gelassenheit und Lächeln und lasse vor allem den Ärger keine Macht über mich gewinnen. Ärger macht krank und mutlos, belastet Beziehungen und kostet mich den Rest meiner Beliebtheit. Ich übe mich in Gelassenheit. Auch Verlieren kann man trainieren – und man muß es, wenn man Gewinner werden will.

6. Ich weiß, daß ich die Paradoxie wagen muß, ein Mehr an Selbstsicherheit durch ein Minus an Sicherheit zum Festhalten zu gewinnen. Sicherheit, die auf Freiheit beruht, setzt den Mut zum Risiko voraus. Ich riskiere also häufiger Dinge, die ich früher nie riskiert hätte: eine ab-

weichende Meinung, bequeme, aber unmodische Kleidung, einen unerwarteten Anruf oder Brief an einen Menschen, der mir wichtig ist u. ä.

7. Ich baue zwischen mir und meinen Vorhaben nicht wie bisher Bedenken und Schwierigkeiten auf, sondern zerstreue sie. Worte wie »schwierig«, »problematisch«, »beängstigend« tilge ich weitgehend aus meinem Wortschatz, weil sie die tatsächlichen Schwierigkeiten vervielfältigen. Auch das Wort »versuchen« hat seine Tücken. Versuchen Sie einmal, die rechte Hand zu heben! Sie tun es ja schon und versuchen es nicht nur. Bei dem, was ich wirklich möchte und will, kann ich sofort beginnen und brauche nicht erst »zu versuchen«, weil es die eingesetzte Energie halbiert und spaltet. So laufen Millionen Menschen herum, die »versuchen«, das Rauchen aufzugeben – mit dem Ergebnis, daß sie munter weiterrauchen und damit ständig – von der Selbstvergiftung abgesehen – Mißerfolgs- und Versagenserlebnisse erleiden. Darum: Nicht versuchen, sondern tun.

Ich suche mir immer wieder Bewährungssituationen, in denen ich meine inzwischen erlangte Selbstsicherheit überprüfen kann. Dabei stelle ich mir etwa die folgenden Fragen: Fühle ich mich nachher wohl, und habe ich mich so verhalten, wie ich es von mir erwarte? Werde ich, wenn ich so weitermache, dem Ziele Schritt für Schritt näherkommen? Habe ich mich durch bestimmteres Verhalten wirklich unbeliebter gemacht? Fühle ich mich in dem neuen Verhalten schon sicher und »zu Hause«, oder habe ich noch Angst davor? Wie kann ich diese Angst abbauen?

Mit der Angst müssen wir uns besonders befassen, denn sie taucht als Grundmotiv in allen unseren Unsicherheiten immer wieder auf. Darum müssen wir auch eine Strategie gegen die Angst entwickeln – selbst wenn wir wissen, daß

Angst zu den Grundbefindlichkeiten menschlichen Lebens gehört und daß sie sogar für die Lebenserhaltung nötig ist, weil sonst menschlicher Übermut unser aller Überleben noch fürchterlicher gefährden würde. Im individuellen und zwischenmenschlichen Umgang ist die Angst, die unbegründete Angst jedoch als störende, ja neurotische Erscheinung anzusehen. Wir müssen daran arbeiten, sie zu überwinden. Angst und Mißtrauen sind nämlich auch Wurzeln von Feindseligkeit und Aggression und deshalb nicht mehr lebenserhaltend, sondern lebensgefährdend.

Wie kann ich daran arbeiten, sie zu überwinden? Ich beginne mit folgendem einfachen Anti-Angst-Programm:

1. Ich akzeptiere die Wirklichkeit, wie sie ist, und setze Offenheit an die Stelle von Illusionen.

2. Ich lebe so, als wäre dieser Tag der erste meines Lebens – der erste des Lebens, das noch vor mir liegt, ist er ja auch. Zugleich könnte er der letzte meines Lebens sein – auch das bin ich bereit zu akzeptieren.

3. Angst ist ein schlechter Ratgeber; deshalb trete ich Menschen und Dingen unbefangen entgegen und nehme zunächst einmal das Beste an. Meistens wird es sich bestätigen, weil ich mit meiner Erwartung schon einiges dafür tue.

4. Ich meide nicht peinlichst jede Angst, sondern mache mich mit Grundängsten – vor Krankheit, Krieg und Tod zum Beispiel – vertraut und lerne mit ihnen zu leben.

5. Ich weiß und handle danach, daß ich Zuversicht und Hoffnung wie meine Atemluft brauche. Darum entschließe ich mich trotz allem immer aufs neue zum Vertrauen und Lebensmut und lasse mich nie in Furcht und Verzweiflung fallen.

6. Ich akzeptiere, daß es auch Unangenehmes, Schweres und Schmerzhaftes gibt. Ich kann damit leben und weiß:

Selten wird etwas so schön, wie man erhofft, aber auch selten so schlimm, wie man befürchtet hat.

7. Ich übe mich in Gelassenheit, Gleichmut und Humor: Mehr als den Kopf kann es nicht kosten, und morgen sieht alles meistens schon ganz anders aus.

8. Ich steigere mich nie in Angst hinein, sondern befreie mich – wenn ich merke, daß das Gelände unter mir sumpfig wird – sofort daraus und suche festen Halt – zum Beispiel in einem guten Wort.

9. An gut sichtbaren Stellen hefte ich mir ermutigende Worte an: Ich freue mich auf den neuen Tag – Ich habe die Kraft zum Guten – Ich baue auf Gott – Alles wird gut werden.

Weg vom Selbst – hin zur Sache

Der Komplexhafte verstärkt seine Probleme dadurch am meisten, daß er auf sie fixiert bleibt und wie gebannt gleichsam auf den eigenen Nabel starrt. Er hält sich für den einzig schwierigen Menschen und kennt kein größeres Thema als eben diese Schwierigkeiten. Auch wenn er alles dafür gäbe, von ihnen frei zu sein, handelt er im Grunde ständig paradox. Indem er sich unablässig mit ihnen beschäftigt, klammert er sich geradezu an seine Probleme. Ähnlich wie der Einschlafgestörte, der sich vergebens zum Einschlafen zwingt und um so schlechter einschläft, je dringender er es möchte, so handelt auch der Komplexbeschwerte: Je mehr er über sich nachgrübelt, je sorgfältiger er sich beobachtet und je nachdrücklicher er auf sich einzuwirken versucht – er verschlimmert nur seine Situation und erreicht das Gegenteil dessen, was er erhofft, nämlich Freiheit.

Bei Menschen, die Probleme haben, gibt es so etwas wie eine Sucht der Selbstreflexion: Wie gebannt starren sie auf ihre Probleme – ob es nun eine Warze am Kinn ist, von der sie meinen, alle anderen müßten auf nichts anderes achten, oder eine Wissenslücke oder ein Mißerfolg: Wie ein Dieb warten sie gleichsam darauf, entdeckt zu werden, und sehen sich dann in ihrer Annahme bestätigt. Da sie selbst darauf fixiert sind und immer um diesen Punkt kreisen, können sie sich nichts anderes vorstellen, als daß andere auch nur dieses eine Aufmerksamkeitsinteresse haben.

Manchmal treten sie den Gegenangriff an: Ein älterer Freund von mir mußte eines Fußleidens wegen auch im Winter Sandalen tragen. Nun hatte er Gäste eingeladen, die – unterschiedlich fein angezogen – einer nach dem anderen bei ihm eintrafen. Bei jedem entschuldigte er sich für seine Sandalen – mit dem Erfolg, daß nun jeder auf seine Füße sah und ihm natürlich versicherte, das sei doch gar nicht schlimm. Die ganze Angelegenheit wurde erst zum Problem, denn höchstwahrscheinlich hätte kein einziger seine Füße auch nur eines Blickes gewürdigt, wenn er nichts gesagt hätte. Mag sein, daß ihm die Versicherung der anderen und das tröstende Interesse an seinem Fußleiden gutgetan haben. Dann hätte die Übertragung seiner besorgten Aufmerksamkeit auf die anderen noch ihren guten Sinn gehabt. Auch handelt es sich hier ja um ein relativ kleines und vorübergehendes Problem.

Schlimmer ist es, wenn solche Probleme eine ausfüllende und nicht weichenwollende Zentralstellung haben. Das kann schon bei einer überlangen Nase, bei abstehenden Ohren oder irgendeinem anderen sichtbaren oder unsichtbaren Makel der Fall sein. Komplexhaft ballt sich die eigene Konzentrationskraft um solche Schwachpunkte unserer Selbsteinschätzung und läßt uns unfrei werden anderen gegenüber – wenn wir nicht diese Unfreiheit jäh und aus eigenem Entschluß durchbrechen. Hierzu bieten sich zwei Verfahrensweisen an:

Die erste Möglichkeit ist die, das Problem durch Nichtbeachtung auszuhungern. So gerät es allmählich an den Rand und schließlich in Vergessenheit. Es hört auf, uns zu belasten und sich zwischen die Wirklichkeit und uns zu stellen, so daß es nicht mehr permanent Aufmerksamkeitsenergie von der Umwelt und der Mitwelt – wie wir die menschliche Umwelt bezeichnen wollen – abzieht.

Die andere Möglichkeit, zu der ich hier ausdrücklich auffordern möchte, ist die, daß ich mich in einer klaren Stunde – vielleicht an diesem Punkt der Überlegungen des vorliegenden Buches angelangt – fest entschließe, nicht mehr länger selbst mein größtes Problem zu sein oder einen Teil von mir dazu zu machen. Ich beschließe, anderen Menschen genausoviel Aufmerksamkeit zu widmen wie bisher mir. Ich entscheide mich für neue Aufgaben und höre auf, mich weiterhin ergebnislos mit der Lösung meines Problems zu beschäftigen. Ich entwickle von jetzt an Freude an irgendeinem Interessengebiet, für das ich bisher nur Wünsche, aber keine Zeit übrig zu haben schien, und investiere selbstabgewandte und sachzugewandte Kraft und liebevolles Bemühen für Menschen und Dinge, für die ich bisher kaum Aufmerksamkeit übrig hatte. Einen solchen Entschluß konkretisiere ich zeitlich: An einem bestimmten Tag der nächsten Woche lade ich mir Gäste ein. Die drei freien Stunden am Nachmittag oder Abend widme ich dem Hobby, für das ich mich entschieden habe, oder der Aufgabe, die ich für wichtig erkläre. Diese Beschlüsse und Entscheidungen nehme ich so wichtig, wie ich bisher meine Probleme und Problemchen genommen habe, und erfahre so das neue Lebensgefühl, das mit der Hinwendung des Herzens auf anderes als mich selbst verbunden ist.

Aus jedem Problem, aus jeder Krise und Katastrophe können wir lernen. Was wir lebend überstehen, kann uns für das künftige Leben zugute kommen. Schlimmer als die äußeren sind die inneren Niederlagen. Schlimmer als das Leid ist das Selbstmitleid. Ich verdopple mein Leiden, indem ich es in einer Art negativen Genusses noch einmal auf der Zunge zergehen lasse und mir leid tue – wie die Sprache es schon fast verräterisch sagt. Auch in einem Buch, das dem tieferen Lebenserfolg dient, muß der Satz ausgesprochen werden: Leben heißt Verluste machen, Mißerfolge erleiden, Rückschläge einstecken. Die einen kommen darüber nicht hinweg und bleiben lebenslang dadurch geprägt, sie beklagen das Unrecht, das ihnen geschah, erwar-

ten, daß andere es »wiedergutmachen«, fühlen sich mißverstanden und flüchten in die Vergangenheit oder in
Traumwelten; die anderen geben auf, um neu anzufangen,
verbuchen den Verlust gleichsam unter »uneinbringbare
Forderungen« und gleichen damit die Lebensbilanz wieder aus, um für die Zukunft mit positivem Saldo rechnen
zu können. Nur so gelingt es – und zwar durch einen radikalen und endgültigen Entschluß –, sich von Schmerz und
Schatten der Vergangenheit zu befreien, den Blick zu heben und besseren Zielen zuzuwenden.

Ich kann mir selbst dabei zu Hilfe kommen, indem ich
einmal alle Aktivposten, die mir bleiben, aufführe, am besten schriftlich. Wenn ich mir dafür Zeit nehme und gewis-
senhaft vorgehe, werde ich bestimmt auf eine beträchtliche
Zahl kommen. Auch bei den schwersten Verlusten kann
ich staunen, was mir geblieben ist, und froh sein, wenn die
Gesundheit, die geistige Frische, ein Dach über dem Kopf
und ein paar Freunde dabei sind, vor allem aber eine um-
greifende Liebe, die mich trägt und mir alles andere auszuhalten und dennoch immer neue Hoffnung zu fassen erlaubt.

Ich frage mich: Was kann ich tun in meiner Lage? Wozu
reichen meine Kräfte noch? Wo wartet man auf mich und
braucht mein Engagement? Welche längst gehegten Wünsche und Interessen haben jetzt ihre Stunde? Welche Ziele
und Aufgaben sollte ich in Angriff nehmen? Welche Ge-
biete reizen mich, um mich weiterzubilden? Welche neuen
Kontakte möchte ich knüpfen, und wie fange ich es an?

Wenn ich diese Liste durchgehe und sie noch weiter ver-
vollständige, habe ich mit Sicherheit ein großes Programm
für den nächsten Tag und die weitere Zukunft. Je mehr ich
mich ihm stelle, um so schneller überwinde ich alle Selbst-
wertbeeinträchtigungen und Komplexe, die aus einer un-
bewältigten Vergangenheit auf mir lasten. Ich frage gar

nicht nach mir und meinem Wert oder nach dem Wert, den mein Leben noch haben könnte. Ich setze ihn einfach voraus und versuche, ihn gleichzeitig in meinem Tun zu schaffen. »Tun« darf hier nicht zu eng verstanden werden. Er soll Denken und Fühlen, Reden und Schreiben, Lieben und Genießen, Wahrnehmen und Zuhören, Reisen und Kennenlernen, Glauben und Hoffen und all das mit einschließen, was Leben erfüllen und sinnvoll machen kann.

In einem erfüllten und tätigen, menschen- und sachzugewandten Leben können Komplexe keinen Raum gewinnen. So wie ich etwas brauche, was größer ist als ich, um von mir und meinen Problemen freizukommen, so brauche ich etwas außer mir, um über mich hinausgeführt zu werden und nicht in mir und an mir hängenzubleiben. Ich komme sonst aus dem negativen Zirkel nie heraus, denn Selbstmitleid kann sich zu einem dauerhaften »Lebensmasochismus« auswachsen, wenn ich dieses Wachstum in die falsche Richtung nicht mit dem geraden Pfeil neuer Ziele und Zuwendungen durchkreuze. Darum: Heraus aus der Ecke, hinein ins Leben und etwas unternommen – egal was!

»Egal was« erscheint bei näherem Nachdenken wohl ein wenig pauschal. Eine solche Aufforderung könnte auch die anspornen, die gern alles mögliche aufgreifen, um es dann fallenzulassen wie eine zu heiße Kartoffel, wenn es sich als brenzlig und schwierig erweist. Hier sind schon sinnvolle und weiterführende Aktivitäten gemeint. Nur dann vermögen sie auch über Rückfälle und die bekannten Gefühlseinbrüche in tiefe Löcher des Zweifels und der Verzweiflung hinwegzutragen.

Natürlich fühlt sich der, der sich entschlossen hat, Handball als Ausgleichssport zu treiben, auf dem Platz sicherer, wenn er vorher in der Halle trainiert hat. Wer eine längere Auslandsreise machen möchte, tut gut daran, die

Sprache des zu besuchenden Landes vorher zu erlernen, um nicht in ständig neue, verunsichernde Situationen zu geraten. Und wer sich mit der Oper befassen will oder ein Theaterabonnement kauft, wird auch ein Opernlexikon oder die Textbücher besorgen und benutzen. Sicherheit – jedenfalls ein großer Teil davon – ist einfach von guter Vorbereitung abhängig. Erst wenn diese so gründlich geschehen ist, daß ich mir keine Vorwürfe machen muß, wenn es Schwierigkeiten gibt, kann ich mich dem Risiko auch schwieriger Unternehmungen aussetzen. Dann ist die Wahrscheinlichkeit größer, daß ich anschließend auch das Glück – vergleichbar mit einem Segelflug nach dem Kraftaufwand des Startes – des freien Gleitens und des Höhenerlebnisses erfahre.

Anfangsaufwand ist meistens nötig, um den Zustand zu erreichen, in dem Sicherheit und Freiheit in eins aufgehen. Dabei ist das wichtigste vielleicht gar nicht einmal die sachliche Vorbereitung und das dadurch entstehende geistige Fundament, sondern die emotionale Absicherung und Vergewisserung: Ich habe alles getan, was ich konnte. Ich brauche mir keine Vorwürfe zu machen. Ich kann auch den größten Schwierigkeiten gefaßt begegnen. Und wenn etwas schiefgehen sollte: An mir hat es nicht gelegen.

Wenn diese emotionale Sicherheit fehlt, greift wieder der destruktive Kreislauf, also die Minusspirale, um sich: Da sieht man es wieder, es hat keinen Zweck, ich kann ja nichts, ich war auch viel zu schlecht und überdies falsch vorbereitet. Ich habe die Schwierigkeiten unterschätzt und sollte so etwas in Zukunft überhaupt seinlassen. Und schon habe ich mir aufs neue bewiesen, wie unfähig ich bin, habe mich unsicher und ängstlich gemacht, soweit dies überhaupt noch nötig war.

Absicherung allein verschafft zwar noch nicht Sicherheit, aber aus den genannten Gründen ist sie wichtig, soweit sie eben möglich ist. Zu diesem Zweck und zur eigenen Kontrolle werde ich mir Check- oder Prüflisten anlegen, auf denen ich abhaken kann, ob alles Wesentliche erfüllt ist. Ich tue dies beim Reisen, damit ich nichts vergesse.

Ich mache mir Situation für Situation – zunächst die erste Stufe – in allen Einzelheiten deutlich: Wie die Angsterregung in mir aufkommt, welche Situationen es sind, die das Angstgefühl auslösen. Ich lasse diese Vorstellung in mir zergehen, bis ich mich an sie gewöhne. Ich fühle aufmerksam hin und versuche, allmählich Herr dieser Situation zu sein. Ich bleibe nicht nur wie gelähmt passiv, sondern entwickle aktive und positive Alternativen: Ich atme tief, ich strecke mich, ich gehe ans Fenster und setze mich wieder hin, kurz, ich entwickle Sicherheit in der zunächst verunsichernden Situation. Schließlich bekomme ich Neugier auf die Steigerung und gebe mir dann Mühe, mich in der nächsten Situation entsprechend zu verhalten, wobei es immer darauf ankommt, die auftretende Angsterregung auszuhalten und sie durch gleichsam achselzuckende Gewöhnung gegenstandslos zu machen. Dazu brauche ich Zeit und notfalls Wiederholung. Dazu brauche ich eine entspannte Ausgangssituation und eventuell Entspannungstechniken. Eine vereinfachte Form des autogenen Trainings kann hier helfen. Ich sage mir: Ich bin ganz ruhig. Ich atme ganz tief. Ich fühle mich wohl und sicher. Ich habe keine Angst mehr. Wenn dieser Zustand erreicht ist, habe ich die richtigen Schritte gewählt. Wenn nicht, muß ich die Schritte verkleinern, denn nur über kleine Schritte kann man – auch in der vorbereiteten Vorstellung – Sicherheit erwerben.

Wer alles gleichzeitig und sofort möchte, darf sich nicht wundern, wenn er in Katastrophenstimmungen kommt. Ich kann mir Schritt für Schritt die Flugangst abtrainieren, und wenn es dann wirklich zum großen Flugtag kommt, stimme ich mich darauf ein. Vielleicht habe ich schon vorher einen Flughafen aufgesucht, um den lärmenden Betrieb dort kennenzulernen und mich nicht durch ihn einschüchtern zu lassen. Am Flugtag selbst komme ich rechtzeitig und mache mich mit der Situation vertraut, bummle nach dem Einchecken noch gemütlich durch die Vorhalle und schließlich an den Flugsteig. Ich ersetze negative, angstmachende Gedanken durch ein etwas positiveres Denken und erinnere mich zum Beispiel daran, daß alle dreißig Sekunden auf der Welt ein Flugzeug startet oder landet und daß die Sicherheit in der Luft weitaus größer ist als die auf der Straße. Im Flugzeug selbst vertraue ich dem Piloten. Wenn der Flug unruhig wird, entspanne ich mich. Ich balle kräftig beide Fäuste und lasse sie nach fünf Sekunden wieder los. Ich atme tief ein und langsam wieder aus.

Gefährlich ist es überall. Wie sagt doch Erich Kästner: »Leben ist immer lebensgefährlich!« Hierüber kann ich lächeln, und wer lächeln kann, hat keine Angst mehr. Ich habe Abstand zu mir selbst und eine innere Sicherheit gewonnen, die wichtiger ist als die äußere. Ich kann mich fallenlassen, und nichts kann mir mehr etwas anhaben.

Außerdem mache ich mir klar, daß Mut zum Leben mehr dient als das Gegenteil. Mit Recht sagt William Shakespeare: »Der Feige stirbt weit mehr als einen Tod.«

Dennoch fallen wir – vor allem anfangs – immer wieder in einen Zustand, der den schon längst überwunden geglaubten Anfangshemmungen bedenklich ähnelt. Auch geübte Reiter fallen immer wieder vom Pferd. Aber nicht fallen ist bekanntlich die Schande, sondern nicht wieder aufstehen. Jeder Reitschüler weiß, daß er sich nach einem Sturz auf keinen Fall der Resignation und Entmutigung aussetzen darf. Er muß sofort wieder aufsitzen, um über das Mißerfolgserlebnis hinwegzukommen und es alsbald durch ein neues und besseres Gelingen auszulöschen.

So vollzieht sich auch sonst das Lernen aus Mißerfolgen: Wir reiben uns eine Weile die Rückseite, heben dann den Blick und packen die Zügel aufs neue, stecken den Fuß in den Steigbügel und werfen uns auf den Rücken des Pferdes – welches dieses auch immer sein möge: eine neue Verkaufsaktion, ein weiteres Produkt, ein Vortrag, eine betriebliche Investition, ein politischer Antrag, eine Vereinsgründung oder auch die Begegnung mit einem kritischen Menschen oder befremdlichen Situationen.

Nur nicht entmutigen lassen, nur nicht für längere Zeit in Resignation verharren! Nicht jedem ergeht es so schlimm wie jenem Mann, von dem Seneca berichtet: »Kein Ringkämpfer kann großen Mut zum Kampfe mitbringen, der noch niemals braun und blau geschlagen worden ist. Der aber, der sein Blut schon fließen sah, dessen Zähne krachten unter Faustschlägen, der niedergerungen die ganze Last seines Gegners auf seinem Leibe trug und, zu Boden geschleudert, den Mut nicht verlor, der, sooft er fiel, trotziger wieder aufstand, der schreitet mit großer Hoffnung zum Kampfe hinab!« Hier ist ein durch alle Niederlagen unbeirrbarer Aufstieg gemeint. Beim Ringkämpfer findet auch dieser irgendwann sein Ende, aber im menschlichen Ringen mit äußeren und inneren Widerständen ist für den Aufstieg an Einsicht, Weisheit und Wirksamkeit kein Ende abzusehen. Es gibt keine wirklich garantierte, von außen her abgestützte Sicherheit – Selbstsicherheit, die von innen kommt, lebt vom Risiko und will es auch.

Die Kunst, das Leben zu meistern

Eins verbindet wohl alle Menschen: der Wunsch, daß ihnen das Leben gelingt. Aber da hört die Einigkeit auch schon auf. Die Auffassungen darüber, wie man dies erreicht, gehen nämlich himmelweit auseinander. Lebensglück und Lebenserfolg schimmern für die einen in Reichtum und Gold, für die anderen in gesunder Sonnenbräune, für die dritten in Familienglück und privater Idylle. Die einen rackern sich ihr Leben lang ab für viel Geld, das sie weder verbrauchen noch genießen können. Die anderen träumen vom Reichtum und bleiben lebenslang arm. Wieder andere wünschen sich Gesundheit und zerstören sie gleichzeitig, weil sie auf Lebensgenuß in jeder Form nicht verzichten wollen. Die dritten, die das Glück in der Intimität des Paares und der Familie erzwingen wollen, überfordern diese und scheitern erst recht.

Die Denker und Weisen aller Zeiten lehren uns deshalb Bescheidung, Verzicht und Askese: Wer nichts vom Leben erwartet, kann nicht enttäuscht werden. Dies ist aber wohl eher ein Ideal für Heilige. In der Wohlstandsgesellschaft richtet sich kaum jemand im Ernst danach. Aber der Wunsch bleibt bestehen, das Leben zu meistern, und es ist nach wie vor die größte Aufgabe, die uns gestellt ist.

So will ich den Versuch machen, eine zeitgemäße Lebenskunst vorzutragen und die sieben Wege zu verfolgen, mit denen es normalerweise gelingen kann, das Leben zu meistern. Wenn uns das Leben gelingen soll, müssen wir nicht nur eine Kunst lernen, sondern mindestens die folgenden:

1. Die Kunst, Lebensmut und Optimismus zu behalten

Kein Mensch kann ohne Hoffnung leben. Schon die Bibel ist voll davon. Salomon sagt: »Bei allen Lebendigen ist, was man wünscht: Hoffnung«, und bei Markus heißt es: »Alle Dinge sind möglich dem, der da glaubt.« Die positive Grundenergie unseres Lebens – nenne man sie Hoffnung, Glauben, Lebensmut und Optimismus – ist die wichtigste Antriebskraft unserer Existenz und zugleich die größte Heilkraft, mit der wir Krankheiten und Krisen überstehen.

Sie zeigt sich darin, daß in unserem Denken die positiven, erfreulichen Gedanken überwiegen, daß wir Negatives schnell verarbeiten und vergessen. Wir versuchen, in allem das Beste zu sehen, und gehen mit Urvertrauen an Menschen und Dinge heran. Gottvertrauen und Selbstvertrauen sind die Vorbedingungen dafür. Sie bewirken sich wechselseitig und schaffen in uns die Kraft, alles, aber auch alles durchzustehen, was das Leben von uns verlangt.

2. Die Kunst, Rückschläge einzustecken und zu verarbeiten

Die Kehrseite der Hoffnung ist, daß sie enttäuscht werden kann. Darum sagt Seneca: »Hoffe nicht ohne Zweifel und zweifle nicht ohne Hoffnung« – mit anderen Worten: Wir müssen bei allen unseren Wünschen, Hoffnungen und Vorsätzen mit Rückschlägen und Mißerfolgen rechnen. Niemand kann ihnen entgehen, aber wir können ihnen unterschiedlich begegnen. Der eine wird von ihnen erschlagen, läßt sich hängen, wird passiv und untätig. Der andere akzeptiert und verkraftet sie, er lernt aus ihnen und läßt sich – um so gefestigter – auf neue Risiken und Hoffnungen ein. Was wäre Lebensmut wert, wenn er nicht in der Lage wäre, jedes Minus durchzustreichen und in ein Plus zu verwandeln? In der Tat steckt in jedem Mißerfolg auch etwas Gutes, ja sogar unverschuldete Schicksalsschläge,

Krankheit und Leiden können positiv aufgenommen werden und zu unserem Besten dienen. Sehen nicht oft ganz mittellose, benachteiligte und behinderte Menschen fröhlicher und zufriedener aus als reiche und verwöhnte?

3. Die Kunst, Humor und Gelassenheit zu bewahren oder zu gewinnen

Humor ist alles andere als harmloser, oberflächlicher, rosaroter Optimismus. Der Humorist Werner Finck sagte einmal: »Humor ist die Lust zu lachen, wenn einem zum Heulen ist.« Der Klassiker Jean Paul formulierte es so: »Humor ist überwundenes Leiden an der Welt.« Wahrscheinlich ist es wie bei der Auster: Aus Verletzungen läßt sie Perlen wachsen. Abstand von sich und seinem Leben und Leiden nehmen, nur nicht in Selbstmitleid verfallen, sondern von einem höheren Blickpunkt aus darüber lächeln, nicht alles zu wichtig nehmen und es dennoch lieben, vor allem das Leben und die Menschen lieben und ja dazu sagen, wenn auch mit einer Träne im Auge – das ist Humor, und den brauchen wir dringend. Humor heißt, wörtlich aus dem Lateinischen übersetzt, Saft. Er ist der wirksamste Heilsaft aus der Apotheke des Lebens und das Ergebnis höchster Lebenskunst. Ohne unernst zu sein, nimmt er doch alles und vor allem sich selbst nicht zu wichtig, sondern kann es aus einem anderen als dem verzweifelt-verwinkelten, allzu persönlichen Blickwinkel betrachten. Humor verleiht Schwingen, mit denen wir uns über alles Irdische hinwegheben und eine göttliche Gelassenheit gewinnen, die uns über die kleinen Schlaglöcher unseres Lebensweges, aber auch über die großen Abgründe hinwegträgt.

4. Die Kunst, frei und unabhängig zu sein

Viele Menschen gleichen dem späten Zecher, der sich an

der Häuserwand nach Hause tastet, dabei auf Abwege gerät und an einer Litfaßsäule landet. Nachdem er sie dreimal umkreist hat, schreit er auf: »Entsetzlich! Lebendig eingemauert!« Dabei brauchte er sich nur umzudrehen, und die Welt läge frei und offen vor ihm. So sind unzählige an immer dieselben kleinen Kreise geklammert und wissen nicht, daß hinter ihrem Rücken eine Welt wartet – so offen und frei, daß sie sich nur umzudrehen und sie zu betreten brauchten. Vorurteile und Gewohnheiten, Anlage und Erziehung, Vorsicht und Rücksicht engen sie ein, und nie erfahren sie, was sie wirklich sein oder tun könnten. Statt ein Licht anzuzünden, beklagen sie das Dunkel. Niemals zuvor und nirgendwo anders gab und gibt es eine Gesellschaft, die so viel Freiheit ermöglicht. Nutzen wir sie! Engagieren wir uns für eigene wichtige Ziele, für andere Menschen, für größere Aufgaben! Dadurch erst werden wir frei und fühlen uns frei.

Solange wir nur die negativen Beschränkungen oder das sehen, was andere machen, laufen wir in vorgezeichneten Bahnen, gleich einem Goldhamster im Käfig, der seine ewig gleichen Kreise dreht. Der Mensch kann mehr, und auf irgendeine Weise kann jeder seine ganz persönliche Freiheit entwickeln.

5. Die Kunst, Ziele zu verwirklichen

Unsere Kraft ist größer, als wir denken, wenn wir ein Ziel vor Augen haben. Wer einem Ziel folgt, dessen Seele ist nicht mehr zerrissen, dessen Leben nicht mehr chaotisch und ungeordnet. Es ordnet sich vielmehr wie die Eisenfeilspäne, wenn der Magnet sich ihnen nähert. Wer von einem Ziel durchdrungen ist, wird unangreifbarer und innerlich sicherer. Ziele teilen die Dinge in wesentlich und unwesentlich, vorläufig und endgültig, wertlos und wertvoll. Ganz gleich, ob ich für eine glückliche Familie oder für andere Menschen, für ein Kunstwerk, eine größere Gemeinschaft oder Gottes Reich auf Erden wirke – ich weiß, wozu ich da bin, erfahre Sinn und Sicherheit. Ich kann vielleicht zweifeln, aber ich verzweifle nicht. Ich habe eine Orientierung, die mir und oft genug auch anderen hilft.

Dabei ist es wichtig, die großen Ziele in Teilziele zu zerlegen und jeweils konkrete und erreichbare Vorhaben zu verfolgen. Das Ziel darf nicht zu fern und unsichtbar, sondern die Wege müssen überschaubar und begrenzt sein. Ich nehme mir heute dies, im kommenden Monat das und für das kommende Jahr jenes vor und setze Fuß vor Fuß und Schritt vor Schritt, bis es erreicht ist. Diese Methode einer begrenzten Zielsetzung führt zu unwahrscheinlichen Erfolgen in der Kunst, das Leben zu meistern.

6. Die Kunst, für andere offen zu sein

Niemand lebt allein, jeder ist auf andere angewiesen. Daraus bezieht er seine Aufgaben und den nötigen Austausch, die Erwiderung und Erfüllung. Wir brauchen die anderen, und wir möchten gebraucht werden. Weil es so ist, lohnt es sich, wirklich auch für andere dazusein, Zeit zu haben, ihnen geduldig unser Ohr zu öffnen, Sorgen und Freuden mit ihnen zu teilen. Nichts ist wertvoller als Menschen, auf die man sich ganz verlassen kann und für die man verläßlich da ist. Irgendwann wird jeder sie brauchen, auch wenn dies in Wohlstandszeiten oft nicht so scheint. Aber auch wenn es einem gutgeht, macht es Spaß und lohnt es sich, Kontakte zu pflegen, mit anderen zusammenzusein, zu feiern oder auch Sorgen auszutauschen: Geteiltes Leid ist wirklich halbes Leid und geteilte Freude wirklich doppelte Freude. In einem Kreis lieber Menschen wird alles, was einen sonst ereilen kann, leichter zu ertragen sein: Krankheit, Mißerfolge, Enttäuschungen und vor allem – was jeden betrifft – das Älterwerden.

7. Die Kunst, neu anzufangen

Nie veränderte sich die Welt so schnell wie heute. Nur wer beweglich bleibt, kann mithalten: Wer nicht flüssig wird, wird überflüssig. Das gilt für technische, berufliche, kulturelle und politische Entwicklungen – es gilt aber auch für die persönlichen Beziehungen: Oft müssen wir uns neu einstellen und neu anfangen, müssen verzeihen und vergessen. Nicht wenige beginnen mehrfach ein neues Leben in einem anderen Beruf, mit einem weiteren Partner, in einer veränderten Umgebung. Man kann dies als Tragik erleben, aber darin auch eine Chance sehen. Jeder dieser Neuanfänge ist mit Krisen verbunden. Krisen aber enthalten etwas Doppeltes, so wie auch das chinesische Schriftzeichen für Krise aus zwei Zeichen besteht: eins heißt Gefahr, das andere Chance. »Und jedem Anfang wohnt ein Zauber inne, der uns beschützt und der uns hilft zu leben«, sagt Hermann Hesse und fährt fort: »Es wird vielleicht auch noch die Todesstunde uns neuen Räumen jung entgegensenden. Des Lebens Ruf an uns wird niemals enden. Wohlan denn, Herz, nimm Abschied und gesunde!« So kann aus der Kunst, das Leben zu meistern, auch die fast noch größere Kunst erwachsen, das Sterben zu meistern.

Sicher wären noch viele Dinge zu erwähnen: das Interessiertsein und die Neugier, lebenslange Lernbereitschaft, die Fähigkeit zu Augenmaß und richtiger Einschätzung der Chancen, der eigenen Rolle und des eigenen Wertes – nicht zu hoch, aber auch nicht zu niedrig –, die Fähigkeit, sich selbst und andere zu überzeugen und – als Voraussetzung von allem – Gesundheit, körperliche und geistige Fitness. Jeder Auswahlentscheidung, welche der sieben Punkte man für die wichtigsten hält, wohnt eine gewisse Willkür inne. Sicher sind hier auch eigene Maßstäbe und Erfahrungen wirksam geworden.

So mag jeder sich seinen eigenen Maßstabkatalog aufstellen, und jeder wird seine begründeten Ansichten haben und seine persönlichen Erfahrungen damit verbinden. Dies soll kein Fertigungsprogramm für alle Menschen und alle Fälle sein. Mit Recht sagt Johann Wolfang Goethe: »Wer fertig ist, dem ist nichts recht zu machen. Ein Werdender wird immer dankbar sein.« Wir sind gegenseitig auf unsere Erfahrungen und Beispiele angewiesen und können zum Glück nicht nur aus den eigenen Erfahrungen lernen.

Aber statt mich in fremde Eigenschaften zu verlieben und zu verlieren, sollte ich mir die Chance geben, mich selbst zu finden. Dazu gehört sowohl das Sich-Bewußtmachen und Hervorheben der eigenen Stärke als auch die Bereitschaft, vorhandene Schwächen zu akzeptieren.

Als Hilfe läßt sich bestimmt ein vertrauter Mensch finden, mit dem man in gemeinsamen Gesprächen und in der Auseinandersetzung neue Wege findet, die Fähigkeiten, aber auch die eigenen Grenzen sehen lernt und anfängt, mit ihnen zu leben. Daß ich ein Individuum mit Eigenschaften bin, die mich unverwechselbar mit irgendeinem anderen Menschen machen, soll mir immer bewußt bleiben. Aus der manipulierbaren Zerrissenheit muß ich zu unantastbarer Einheit kommen. Erst der ganzheitlich in sich Ruhende und mit sich Zufriedene wird Beachtung finden. Man wird ihn ernst nehmen, sich gerne bei ihm Rat holen, das Gespräch mit ihm und seine Freundschaft suchen. Derjenige, der sich selbst liebt und akzeptiert, wird geliebt und akzeptiert werden. Wer sich achten gelernt hat, wird auch von anderen geachtet. Sich selbst lieben, damit ist nicht narzißtische Selbstverherrlichung gemeint, sondern eine positive Grundstimmung, ein harmonisches Selbstwertgefühl. Selbstliebe macht liebesfähig. Liebesfähigkeit macht lebensfähig und glücklich. Nur der Glückliche wird andere durch seine Ausstrahlung überzeugen. Er wird beliebt und begehrt sein. Er hat gelernt, daß nicht die makellose Figur, das ebenmäßige Gesicht die entscheidenden Kriterien sind, sondern die Ausstrahlung, und diese läßt sich nirgendwo kaufen oder abschauen. Sie kommt aus dem Innersten. Jeder kann sie aus sich hervorlocken, er muß es nur wollen.

Ich spreche
mich frei

Wie den Aar im grauen Felsenhange
Wildes Sehnen zu der Sterne Bahn,
Flammt zu majestätischem Gesange
Meiner Freuden Ungestüm mich an;
Ha! das neue niegenoßne Leben
Schaffet neuen glühenden Entschluß!
Über Wahn und Stolz emporzuschweben,
Süßer, unaussprechlicher Genuß!

FRIEDRICH HÖLDERLIN
Hymne an die Freiheit

Wer seine Schüchternheit überwindet, von sich selbst absieht und sich neuen Zielen, Menschen und Aufgaben zuwendet, erfährt seine Freiheit wie einen Rausch. Kierkegaard hat einmal vom »Schwindel der Freiheit« gesprochen und damit das Ineinanderfallen von Angst, Sicherheit und Freiheit gemeint, das uns plötzlich überwältigt. Wir merken, was in uns steckt, und zitternd erproben wir – vielleicht zum ersten Mal in unserem Leben – unsere Chance.

Vielleicht ist das wichtigste Training zur Überwindung von Scheu und Schüchternheit auch das Üben im freien Sprechen. Die wichtigsten Hemmungen der Kommunikation können naturgemäß am ehesten durch die wichtigste Praxis der Kommunikation überwunden werden. Und die liegt nun einmal im Gebrauch des Wortes, und zwar der Rede.

Freie Meinung und freie Rede

Die Kunst freier Rede ist bei uns sehr vernachlässigt. Im Altertum, im Mittelalter und heute noch in den angelsächsischen Ländern, aber auch in Frankreich wird die Rhetorik als eine besondere, besonders bedeutsame Kunst gepflegt und an den Schulen geübt. Bei uns hingegen wird schon das Kind in seiner freien Meinungsäußerung behindert. Es soll sich der Überlegenheit der Eltern und Lehrer fügen und hat immer noch viel zu selten Chance und darum Mut, sich eine eigene Meinung zu bilden und sich frei zu äußern. So haben es auch viele Erwachsene nicht besser gelernt.

Dabei sind Menschen, die ihre Gefühle und Gedanken frei ausdrücken können, glücklicher und konfliktärmer. Sie fallen nicht von einem Extrem ins andere, sondern haben einen ausgeglichenen inneren Etat. Sie fühlen sich zugehörig, verarbeiten Konflikte rasch und stauen keine unguten Affekte auf. Sie können leichter mit anderen zusammenarbeiten, weil sie sie nicht im unklaren lassen über das, was sie denken und wünschen. Sie sind geneigter, andere anzuhören und mit ihnen in Austausch zu treten, was jeder Mensch braucht und als erfreulich erlebt. Austausch ist außerdem eine Voraussetzung für seelische und körperliche Gesundheit.

Der Geschäftsführer eines der größten internationalen Elektronikunternehmen, in dessen Klub ich einen Vortrag zu halten hatte, berichtete mir einmal, daß er jahrelang an Magengeschwüren gelitten habe, weil er dem Grundsatz folgte: Wer führen will, muß Kröten schlucken. Er habe aus Diplomatie und Rücksichtnahme seine Meinung zurückgehalten und sie nur selten frei geäußert. Irgendwann habe er sich dann entschlossen, dies zu ändern und immer offen zu sagen, was er empfinde und wie ihm zumute sei. Seitdem sei er seine Magengeschwüre los, und die Mitarbeiter wüßten, woran sie wären, und hätten ein offeneres und vertrauensvolleres Verhältnis zu ihm. Er fühle sich durch diesen einen klaren Entschluß befreit und geheilt.

Den Mund aufzumachen bedeutet mehr, als man annehmen könnte. Es kann der Schritt aus der Bevormundung in die Mündigkeit sein. Mündig werden wir zwar mit achtzehn Jahren, wenn wir die Volljährigkeit erreichen. Aber in Wahrheit ist Mündigkeit mehr als eine rechtliche Eigenschaft der natürlichen Person – sie ist eine menschliche Qualität; denn Rechte müssen, um wirksam werden zu können, auch ausgefüllt sein. Mündig ist nicht schon der, der etwas Richtiges denkt und eigene Überzeugungen hat, sondern der, der das rechte Wort zur rechten Zeit sagt. Wer den Mund nicht aufmacht, wenn er reden müßte, ist nicht im vollen Sinne mündig. Eine gedachte Meinung, so wichtig und notwendig sie sein mag, ist noch nicht viel wert. Sie verursacht vor allem dann, wenn sie mit der Meinung der Mächtigen nicht übereinstimmt, das Gefühl von Unzufriedenheit und Unterdrückung.

Mündigkeit befreit auch in den persönlichsten Beziehungen. Wer einen anderen liebt und das befreiende, klärende Wort nicht findet, steht seinem Glück im Wege. Ein Paar, das keine Gesprächsthemen hat, ist arm dran und auf den schmalen Raum zwischen Sex und Langeweile eingeengt. Wer seinen Mitarbeitern oder Vorgesetzten nicht erklären kann, was er will, wird leicht für uninteressiert, unengagiert oder gar unaufrichtig gehalten – vor allem, wenn er einmal anderer Meinung ist, ohne dies zu äußern. Umgekehrt gelten Vorgesetzte, die ihre Maßnahmen und Forderungen nicht begründen und erklären, als autoritär und verständnislos. Wahrscheinlich haben sie selbst als Kinder nie gelernt, ihren Eltern gegenüber ihre Meinung zu vertreten.

Im Grunde spürt jeder, der reden möchte und es sich nicht zutraut, gelinde Minderwertigkeitsgefühle. Der Mangel an Übung verschlimmert sie noch. Dabei wissen die meisten Menschen genau, daß für ihren Zustand keine andere Therapie nötig wäre als das freie Wort.

Theodor Heuss, der erste Präsident der Bundesrepublik, hat einmal von der »heilsamen Kraft der Aussprache« gesprochen. Sie hat in der Tat eine therapeutische Wirkung. Man spricht sich frei. Man löst seine Konflikte und Probleme, indem man sie äußert. Auch soziale Konflikte können auf diese Weise geklärt und häufig auch gelöst werden. Man vermag die anderen von der eigenen Meinung zu überzeugen und mit ihnen in den erfreulichen Prozeß des Austausches und der gemeinsamen Meinungsbildung einzutreten. Zugleich übt sich in diesem Prozeß die individuelle Fähigkeit und Fertigkeit des Redens. So wie man Schwimmen nur im Wasser lernt, lernt man Reden nur durch Reden. Die Hauptsache daran ist Mut.

Hat man auch nur das Geringste zu sagen, sollte man es wagen, den Mund aufzutun, und sich nicht vorher, sondern nachher kontrollieren. Mag die wichtigste Voraussetzung für die freie Rede die eigene Meinung sein und die Tatsache, daß man etwas zu sagen hat – die zweitwichtigste ist ganz sicher die Bereitschaft, sich aufs Spiel zu setzen. In jeder freien Rede riskieren wir unsere Person und immer auch den guten Eindruck, den wir schweigend machen möchten. Zur freien Rede gehört der Mut zur Blamage. So kann man Reden auch nicht lernen, ohne sich zu versprechen. Niemand weiß am Anfang genau, was er am Ende mit welchen Worten sagen wird, wenn er frei zu reden beginnt und weiterspricht. Richtiges Reden geschieht so, daß die Gedanken erst beim Sprechen formuliert werden. Einmal steckenzubleiben ist ein geringes Risiko.

Nur über diese kleinen Blamagen kommen wir zur Sicherheit, und aus den bewältigten Mißerfolgen wächst der Erfolg. So überwinden wir Hemmungen und können immer dann reden, wenn uns danach zumute ist. Das ist für das Gefühl innerer und äußerer Freiheit unentbehrlich. Es ist zugleich ein Akt der Selbstbefreiung. Immanuel Kant hat einmal die Aufklärung definiert als die »Befreiung des Menschen aus seiner selbstverschuldeten Unmündigkeit«. Diese Befreiung besteht keineswegs nur aus intellektuellen Lernprozessen, sondern auch aus befreiten Gefühlen, Haltungen, Gesten und nicht zuletzt aus einer freien Sprache. Niemand kann mündig leben ohne eigene Meinungen und deren freie Äußerung.

Die Fähigkeit, sich leicht und richtig, ungehemmt und flüssig auszudrücken, ist unterschiedlich unter die Menschen verteilt; dennoch kann jeder reden lernen. Dabei gilt ein Gesetz grundsätzlich und für alle Fälle: Reden lernt man nur durch Reden. Gründliche Vorbereitung auf ein Thema kann wohl Sicherheit geben, kann den Reichtum an Gedanken und Kenntnissen vergrößern; die Fähigkeit zu reden vermittelt das alles noch nicht.

Möglicherweise werden Menschen, die nur lückenhaft unterrichtet sind und die Vielfältigkeit eines Problems nicht kennen, leichter und hemmungsloser reden, obwohl sie besser den Mund hielten. Dagegen sind sehr gründliche Menschen, die sich bemühen, in einen Komplex einzusteigen, erst zu denken, dann im Geist zu formulieren und sich schließlich zu Wort zu melden, oft sehr gehemmte Redner. Den ersten möchte man sagen: Überlegt erst und redet dann! Für die zweite, wahrscheinlich viel größere Gruppe gilt das Umgekehrte, kommt es darauf an, einfach hineinzuspringen und im Wasser schwimmen zu lernen. Für sie ist es gerade falsch, sich erst zu Wort zu melden, wenn sie glauben, ihrer Sache und der Formulierung ganz sicher zu sein.

Ein normal funktionierendes Gehirn ist bei einiger Übung fähig, das Gemeinte zutreffend auszudrücken. Zunächst wird man sich natürlich versprechen, werden vielleicht Pausen entstehen. Aber im Laufe der Übung und bei kritischer Selbstbeobachtung und Auswertung wird man allmählich immer straffer, genauer und bestimmter sprechen. Jeder, der sich der freien Rede überläßt, wird am Anfang stolpern. Trotzdem muß man sie ganz bewußt versuchen und bei den ersten Malen auch Mut zur eigenen Blamage aufbringen. Statt sie zu scheuen, soll sie zum Mittel des Lernens werden. Man kommt kaum daran vorbei und muß wissen, daß aus der Blamage sehr bald Sicherheit und Selbstvertrauen erwachsen.

Wer den Mut zum Anfang nicht hat, wird in Enttäuschung und Unsicherheit steckenbleiben. Er wird sich über sich selbst ärgern, weil er sich nichts zutraut und nichts riskiert, und wird zum anderen trotz zunehmender Kenntnisse auf Gedankenaustausch und Anerkennung verzichten und darum nicht aufhören, sich für einen Anfänger zu halten. Dabei bedarf es zur Übung in freier Rede – und nur davon sei hier gesprochen – nicht gleich des kritischen Ernstfalles. Oft wird man zunächst spielerisch vorüben können. Die Vorübung wird sich zusammen mit einem Freund oder einer Freundin ermöglichen lassen, auch in einer kleinen Gruppe, wo man sich kennt und wo ein Versagen nicht gleich in Grund und Boden blamiert. Man wird sich wechselweise kleine Themen stellen, die nach höchstens dreiminutenlanger Vorbereitung in ebenfalls nicht mehr als drei Minuten aus dem Stegreif behandelt werden.

Die Themen dürfen nicht zu schwierig oder umfassend

sein, jeder muß etwas dazu sagen können, und das sollte in möglichst lockerer, heiterer Form geschehen, zum Beispiel über »Die soziale Bedeutung der Brille«, »Aus wieviel Körnern besteht ein Getreidehaufen?«, »Jung gefreit, nie gereut«. Das letzte Thema ist schon recht schwierig, hat aber einen jeden wohl ausreichend beschäftigt, um etwas Vernünftiges sagen zu können. Fast jedes Thema kann ja auf sehr verschiedenen Ebenen, sehr tiefgründig oder sehr unterhaltsam, behandelt werden.

Auch »heiße Eisen« soll man ruhig anfassen. Es kommt mit Sicherheit zur Diskussion, weil oft geradezu leidenschaftliche Parteinahme zur Meinungsäußerung drängt. Die Geschwindigkeitsbeschränkung in geschlossenen Ortschaften, die buntgefärbten Haare vieler Jugendlicher, das Für und Wider der Todesstrafe wären solche »Eisen«. Den Ernst und das Gewicht der letzten Frage wird jeder erkennen und respektieren.

Und hier noch ein Spiel, das bewährt, auch als erfreulich erwiesen ist: Drei, vier oder fünf Personen sind im Korb eines Flugballons, der abzutreiben beginnt. Sie vermögen nicht mehr zu steuern, geraten mit dem sinkenden Ballon über das Meer und ertrinken unrettbar, wenn die Last nicht leichter wird. Das Abwerfen der Sandsäcke nutzt nichts mehr, einer der Korbinsassen muß geopfert werden. Jedem ist jetzt aufzugeben, seine »Unentbehrlichkeit« in einer kurzen, überzeugenden Stegreifrede darzulegen. Dabei können vorher bestimmte Rollen zugewiesen sein, zum Beispiel die eines Arztes, einer Mutter, eines Naturwissenschaftlers, eines Kaufmanns, Pfarrers oder Technikers usw.

Auch andere Situationen lassen sich ausdenken, oder man spielt mit verteilten Rollen eine Konferenz, eine Gemeinderatssitzung und übt so die Fähigkeiten des Ausdrucks und der freien Rede. Irgendwann allerdings muß der Schonraum des Spiels verlassen, die persönliche Auffassung ausgesprochen und begründet, das eigene Selbst »aufs Spiel« gesetzt werden.

Wichtiger als pausenlos oder schnell und flüssig zu sprechen wird uns sein, daß etwas und was zu sagen ist und daß es gut geordnet zu einigen wenigen Hauptpunkten mit entsprechender Ausführung und Begründung gebracht wird. »Es trägt Verstand und rechter Sinn mit wenig Kunst sich selber vor«, heißt es im »Faust«. Die Redekunst besteht, besonders heute, nicht mehr in der Ausschmückung, sondern in der Prägnanz, in der Betonung der Hauptsachen unter Hervorhebung des Wesentlichen und im Weglassenkönnen. Dabei kommt es natürlich ebenso auf die Sache wie auf den Hörer an, dem sie vermittelt werden soll und den man dafür gewinnen will.

Das bedeutet, schon zu Anfang seine Neugier zu wecken, indem man etwa eine provozierende Frage oder Behauptung aufstellt. Das muß mit der nötigen Frische und Lebendigkeit geschehen. Der Zuhörer muß ohne weiteres erfassen können, worauf der Redner hinauswill, und andererseits durch neue Gedankengänge und eigene Formulierungen immer wieder überrascht werden. Dann ist er auch bereit, umwegigere und verzwicktere Gedankengänge mitzugehen. Mögliche Gegeneinwände wird man vorher überlegen, selbst aussprechen und widerlegen. Das belebt den Vortrag und überzeugt.

Vor allem gehören Bilder und Beispiele dazu, die für die Rede noch wichtiger sind als in schriftlichen Darstellungen. Es muß deutlich sein, was das Beispiel illustrieren soll, zu welchem Zweck es gebraucht wird. Beispiele aneinanderzureihen, ohne den übergreifenden geistigen Zusammenhang, den Gedankengang, dem sie dienen, erkennbar zu machen, taugt nichts. Beispiele sind einprägsamer und überzeugender als Theorie, gleichzeitig allerdings dem einfachen Gemüt gefährlich. Sie müssen stets treffend sein und, so sie nicht für sich selbst sprechen, erklärt werden.

Der Schluß der Rede wird das Gesagte kurz und prägnant zusammenfassen oder einige Folgerungen in Form einleuchtender Thesen (erstens, zweitens, drittens) hinstellen.

Das Sich-frei-Sprechen ist nicht nur eine private Entlastungspraxis, sondern hat auch gesellschaftliche und politische Dimensionen. Gerade in unserer Zeit erleben wir die Kraft des gesprochenen Wortes im Zusammenhang mit dem aufrechten Gang: »Wir sind das Volk« ist ein solches unvergeßliches Freiheits- und Befreiungswort geworden. Wer Scheu und Schüchternheit überwunden hat, kann in völlig neuer Weise am Entwicklungs- und Befreiungsprozeß der Gesellschaft mitwirken. Er ist zu Widerspruch und Zivilcourage, zum Mut vor Konventionen fähig.

Zivilcourage und Mündigkeit

Die Mündigkeit des Bürgers äußert sich am deutlichsten im Bürgermut, der in Deutschland offenbar immer noch besser als Fremdwort gebraucht wird: Zivilcourage.

Die Zivilcourage ist immer gleich zeitgemäß und unzeitgemäß, viel gelobt und wenig geliebt; leicht gesagt, schwer getan, oft genannt, kaum bekannt – im Deutschen bis heute ein Fremdwort.

Was ist nun eigentlich Zivilcourage? Alfons Wenzel, ein Münchner Politologe, gibt uns in seinem Buch »Zivilcourage im öffentlichen Dienst« eine Definition: »Zivilcourage bedeutet... nicht nur jedes beherzte und aufrechte Verhalten im persönlichen und beruflichen Alltag, sondern auch die Standfestigkeit, in öffentlichen Angelegenheiten die eigene Überzeugung gegenüber Mächtigeren zu vertreten, gleichgültig, ob es sich um Einzelpersonen oder Kollektive handelt.«

Was unterscheidet im einzelnen den Mut vor Konventionen von der Tapferkeit vor dem Feind?

– Zunächst wohl dies: Zivilcourage findet unter sehr viel komplizierteren Bedingungen statt. Es geht nicht nur um Befehl und Gehorsam, Leben oder Tod, sondern um sehr viel schwerer abzuschätzende Konsequenzen, wenn man sich gegen die herrschende Macht oder die herrschende Meinung entscheidet. Was denken die anderen? Was wird mir passieren? Ist es überhaupt nötig, sich einzusetzen? Werde ich etwas bewirken oder nicht vielmehr etwas anrichten, was nachher nicht mehr zurückzunehmen ist? Solche Zweifel lähmen unseren Mut im Zivilleben von innen her und darum stärker.

– Zudem haben wir es nicht mit einem sichtbaren, sondern mit unsichtbaren Gegnern zu tun, mit Vorurteilen, Dummheit, Angst, Heuchelei, Neid, Haß oder mit massiven, aber verdeckten Interessen, Privilegien, Ideologien, Traditionen, mit Amtsanmaßung, Institutionalismus oder mit Zeittendenzen, Konventionen, öffentlicher Meinung oder auch nur mit Übeln, die für gut gehalten werden, ja mit dem Guten, das der Feind des Besseren ist.

– Zum dritten unterscheidet sich die zivile von der Frontsituation, weil es bei ihr keine klaren Fronten, keine festen Schlachtordnungen und geschlossenen Formationen gibt. Man weiß nicht vorher, wer gegen einen, wer mit einem sein wird. Es gibt kein einfaches Schwarz-Weiß-, West-Ost-, Freund-Feind-Denken, keine Heereseinheiten, denen man sich sicher zugehörig fühlen kann, keine kollektive Truppe, die marschiert und den Mut stärkt. Man muß mit unerwartet großen Gegenoffensiven und kleinen Heckenschützen, mit Deserteuren, aber darf auch mit neuen Bundesgenossen rechnen.

– Dabei ist das Risiko zweifellos geringer: Man riskiert nicht Haut und Leben, sondern höchstens Ruhe und Ruf. Man wird mit Ärger, Schwierigkeiten, Unterstellungen, Isolierung und Enttäuschung rechnen müssen.

– Die Solidarität, die man erfährt, ist frei von Kumpelei und Spießgesellentum. Man ist verbunden durch die Sache, die es zu vertreten gilt.

Soviel zur Unterscheidung von Kriegsmut und Zivilcourage, die immerhin beide unter dem Oberbegriff Mut zum Handeln zu subsumieren sind, weil sie beide Bewährung in Gefahr und Opfer für eine größere Sache verlangen, was nicht ganz übersehen werden soll.

Soll das Maß des Risikos, nach Gewissensnot, nach Bedeutung des Anliegens oder nach Umfang der Konsequenzen unterschieden werden? Das scheint müßig zu sein, zumal das Leben gerade in seinen Grenzsituationen nicht kalkulierbar ist. Wir wissen meistens nicht vorher, wann der Augenblick kommt, der eine Entscheidung von uns verlangt. Das gilt im Großen wie im Kleinen, im Alltag wie in der Weltgeschichte. Ob ich einem einzelnen, einer Anzahl oder einer Unzahl gegenüberstehe, wird dem Akt der Zivilcourage nur graduelle Nuancen, aber nicht prinzipiell neue Formen hinzufügen.

Wenn ein Reporter uns von dem Versuch berichtet, den er mit drei Kindern machte, die er auf offener Straße rauchen ließ, so wird uns auch an diesem kleinen Beispiel deutlich, wie schwer Zivilcourage sein muß. Keiner entschied sich, sie zur Rede zu stellen. Fünf Erwachsene gaben ihnen sogar noch Feuer für ihre Zigaretten.

Als die deutschen Juden aus ihren Häusern geholt und in die KZs abtransportiert wurden, nahmen wir das hin. Es ist nur ein Fall bekanntgeworden, in dem ein Mensch – es war ein junger Priester, Maximilian Kolbe – mit ihnen ins KZ ging, obwohl oder weil er es ebensowenig verdient hatte wie sie und es nicht besser haben wollte als sie. Was wäre geschehen, wenn nicht ein Mann, sondern ein ganzes Volk das getan hätte?

Hängen nicht beide Situationen, beide Unterlassungen trotz der unterschiedlichen Größe und Gefahr aufs tiefste miteinander zusammen?

Der Mangel an Zivilcourage rührt von einer gestörten Konstellation von Recht und Macht her, wobei es sich nicht nur um politische und militärische, sondern auch um die Macht von Meinungen, Interessen und Konventionen handeln kann. Wenn die Macht auf seiten des Unrechts und das Recht auf seiten der Ohnmacht ist, wird die Zivilcourage fällig. Bleibt sie aus, so ist im Denken und Fühlen der Menschen die Relation von Macht und Recht schon gestört – und das ist schlimmer als in den äußeren Verhältnissen –, oder es wird die Folge sein. Innere Freiheit bei äußerer Unfreiheit, innere Wahrhaftigkeit und private Rechtsgesinnung bei verbreiteter Lüge und herrschendem Unrecht auf die Dauer bewahren zu wollen ist eine typisch bürgerliche Illusion. Unrecht, das nicht angegriffen, Unwahrheit, die nicht widerlegt, falsche Vorurteile, die nicht aufgeklärt werden, werden automatisch sanktioniert und legalisiert und weiter verbreitet. Macht, die als Willkür über die Stränge schlägt, braucht als Pendant die freie Ohnmacht, die als Zivilcourage über die Stränge schlägt.

Aber nicht schon ein Tabubruch zeugt von Zivilcourage, er kann Tollkühnheit sein. Wenn kein wichtiges, kein richtiges Anliegen dahintersteckt, ist sie kein Wort wert. Zivilcourage ist Zivilcourage.

Völlig rational geht das Problem allerdings nicht auf. Der sonst so rationalistische Bernard Shaw sagt: »Der vernünftige Mensch paßt sich der Welt an; der unvernünftige besteht auf dem Versuch, die Welt sich anzupassen. Deshalb hängt aller Fortschritt vom unvernünftigen Menschen ab!«

Dennoch wird sich der heilige Zorn der Zivilcourage von dem blinden Fanatismus des ideologisch Besessenen ebenso unterscheiden wie von der Wut eines rasenden »Rächers der Enterbten«, eines Michael Kohlhaas, eines Karl Moor. Wer Zivilcourage übt, stellt sich nicht außerhalb der Menschheit, der Gesellschaft, sondern mitten in sie hinein. Dann ergibt sich die für die Demokratie schlechthin entscheidende Frage: Kann jeder Zivilcourage haben, oder ist sie eine so rare Tugend, daß wir sie nur an den seltenen Ausnahmemenschen einer republikanischen Aristokratie bewundern können? In seinem Buch »Zivilcourage« warnt John F. Kennedy vor dem distanzierenden Mißverständnis der Zivilcourage, die er in den Alltag zurückholen möchte: »Manche bewundern sie als Tugend bei anderen und in früheren Zeiten, sehen aber nicht ihre heutige Möglichkeit und Notwendigkeit.«

Hier sollten wir anknüpfen und den Blick von den großen Vorbildern und Ausnahmesituationen weg in die bedrängende Alltäglichkeit unseres eigenen Lebens wenden. Vorbilder haben es nun einmal an sich, daß man sich an ihnen berauschen und gleichzeitig ein Alibi verschaffen kann, ja sie können entmutigen.

Zivilcourage kann jeder zeigen, und die Bewährungsproben sind zahlreich wie Sand am Meer. Es beginnt bei der Verkäuferin, von der wir uns etwas aufschwatzen lassen, weil wir nicht entschieden sind, die eigenen Interessen zu vertreten. Wir lassen uns am Schalter unhöflich behandeln, ohne höflich zu bitten, höflicher zu sein. Wir wagen es nicht, einen nicht ganz korrekten Kassenzettel im Supermarkt zu reklamieren, jemanden anzusprechen, der bei einer Warteschlange sich vorzudrängen versucht, einer Mutter, die ihr Kind offensichtlich falsch behandelt, einen freundlichen Rat zu geben, dem Quälen von Tieren, der Erniedrigung von Menschen im Betrieb, dummen Redensarten über unseren Staat entgegenzutreten, die Teilnahme am Klatsch über Abwesende zu verweigern, unseren vollen Namen unter einen Leserbrief zu setzen. Wagen wir etwas gegen einen Vorgesetzten zu sagen, von dem wir wissen, daß er Verwendungsnachweise für den Rechnungshof frisiert, nicht ganz korrekte Beurteilungen schreibt, zu Autoritätspersonen freundlich ist und sie anschließend schlechtmacht, der sich verleugnen läßt, obwohl er da ist; gegen den Lehrer, der eine einseitige Meinung vertritt und keine andere gelten läßt, und was der Situationen mehr sein mögen. Wir wissen es alle: Ob wir diplomatisch vorgehen oder nicht, »es ist gefährlich, aufrichtig zu sein, außer wenn man auch dumm ist«, wie Bernard Shaw im »Katechismus des Umstürzlers« sagte.

Einige Regeln – zwar nicht für den Umsturz, aber doch für die Zivilcourage im Alltag – lassen sich immerhin geben:

– Zunächst sollten wir unvoreingenommen, ohne Affekt und Eifer uns die Wahrheit bewußt-, die Sach- und die Rechtslage klarmachen.

– Wir versuchen, auf jeden Fall Herr unserer Gefühle und Kräfte zu werden, das Ziel zu fixieren, einen Entschluß zu fassen und entschieden an die Ausführung zu gehen.

– Als drittes muß man nach Mitteln und Wegen – oft nach Mittelwegen – suchen: nach Argumenten und Beweisen und nach Verbündeten und schließlich auch nach dem Menschen in der Machtposition, den man erreichen möchte.

– Ihm gegenüber gilt es offen, klar und einfach Stellung zu nehmen, wobei man vielleicht nicht alles sagt, was man weiß, auf jeden Fall aber alles weiß, was man sagt.

– Entgegnungen, auf die man gefaßt sein wird, gilt es fair und fest zu begegnen. Affektausbrüchen, Unterstellungen und Anfeindungen sollte man nur mit Sachargumenten entgegentreten und sie zu entkräften versuchen.

– Dabei meide man die Gefahr, den eigenen Standpunkt in der Auseinandersetzung zu verhärten, anstatt ein Gespräch zu führen, in dem man auch für neue Gesichtspunkte aufgeschlossen ist.

– Man sollte sich nie überreden, sondern immer nur überzeugen lassen. Wenn man nicht überzeugt ist, sollte man das auch zeigen. Sonst legitimiert man den Übelstand und gibt ihm den Schein des Rechts.

– Der eigenen Sache muß man gewiß sein. Dieser Gewißheit hat man sich durch stets neue Selbstprüfung und Beratung mit kritischen Freunden zu »vergewissern«. Wer einsieht, daß er unrecht hat, sollte es zugeben.

– Man sollte das Notwendige bis zur letzten Möglichkeit

vertreten, aber nicht das Unmögliche erzwingen wollen, um daran nicht zu zerbrechen und die Sache, um die es geht, nicht zu Tode zu reiten. Das geschähe durch die Verwendung rabiater, erpresserischer Mittel, Intrigen im Kleinen oder publizistische Hetzagitation im Großen. Auch bei einer legitimen Maßnahme wie Arbeitnehmerstreik, Studentendemonstration oder wahrheitsgemäße Berichterstattung ist zu fragen: Nützt oder schadet sie der Sache und dem wohlverstandenen Allgemeininteresse? Immer aber stehen Demonstrationen ohne Gewalt und Drohung der Zivilcourage besser an.

– Das letzte Mittel der Zivilcourage ist das Schweigen, das am Ende aller Möglichkeiten steht. Es bedeutet nicht Kapitulation oder Resignation, sondern es entspringt dem Prinzip Hoffnung. Wer schimpft, hat unrecht, und wenn überhaupt etwas in dieser Situation Besinnung erzeugen kann, so ist es die Ruhe der Gewißheit, die auf ihre Stunde wartet. Man kann Gedanken nicht mit Gewalt bekämpfen. Sie werden sich durchsetzen, wenn die Zeit für sie reif ist.

Diese Regeln scheinen das Grundmuster eines Verhaltens zu sein, das wir auch in der Demokratie in das komplizierte Netzwerk der alltäglichen Beziehungen eintragen müssen und das – um wenigstens zum Teil im Bilde zu bleiben – zugleich das Auffangnetz für den demokratischen Seiltanz ist. Denn die institutionelle Demokratie ist ein gefährdeter Balanceakt, der in der Krise nur dann nicht tödlich endet, wenn er sich auf ein eingeübtes System der Bürgercourage verlassen kann, die Mißstände schnell erkennt und überwindet, weil er gewohnt ist, das Recht nicht nur zu genießen, sondern auch zu vertreten.

Feige Unentschiedenheit hilft nicht, sie sanktioniert unbegründete Vorrechte. Geduldiges Stillhalten ist eine Tugend nur gegenüber unabwendbarem Geschick. Sonst führt diese menschliche Haltung zu Verkümmerung und Subalternität.

Zivilcourage sollte vielmehr so selbstverständlich werden, daß sie aufhört, Courage zu sein. Die beherzte Aussprache könnte das gesellschaftliche Klima ungemein verbessern, könnte Vertrauen, Freiheit und Sicherheit schaffen, vor allem jenes sichere Bescheidwissen, das Wissen, wie man dran ist, ohne das man ein Amt gar nicht recht führen kann. Der Selbstherrliche, Eigenmächtige, der Autokrat ist meist einsam und auf Zugang und Zuspruch, Kontakt und Kritik angewiesen. Viel zu viele denken Kritik, ohne sie zu äußern. Gedachte Kritik ist nicht viel wert; sie fördert Neurosen und vergiftet Beziehungen.

Demokratie lebt vom offenen Vertrauen, das Differenzen ausspricht, nicht verbirgt. Sonst verliert der Mensch im einflußreichen Amt die Beziehung zum Volk, speichert der Untergebene, Ohnmächtige Groll, Neid, Versagensgefühle. Er merkt, daß er eigentlich reden müßte, aber es nicht wagt oder auch nur nicht mag aus Respekt vor dem Amt, der Ordnung, dem Establishment, dem Lauf der Dinge, die doch gehen, wie sie wollen oder sollen, aus Trägheit, Sicherheitssorge, passivem Egoismus. Da die Kritik aber nicht ruht, sucht sie sich andere Wege, zum Beispiel Klatsch, Konspiration, Cliquenbildung.

Diese kleine, aber wichtige Zivilcourage zur offenen Aussprache und Kritik setzt jedoch so etwas wie eine passive Zivilcourage zur offenen Aufnahme der Kritik voraus. Wirkliche Zivilcourage richtet sich ja nie gegen den Menschen, will keinem etwas zufügen, ihm schaden, sondern richtet sich nur gegen Vorrechte und Vorurteile. Sie würdigt also auch den Gegner nicht herab, sondern wertet ihn dadurch auf, daß sie ihn der Auseinandersetzung für würdig und für fähig hält. Ist das wirklich so schwer, so abwegig, scheinbar unmöglich?

Gewiß, die Direktheit kann nicht ohne Korrektive sein: Rücksicht auf Menschliches, Alter, Empfindlichkeit, Respekt vor Erfahrung und die Sorge um die Folgen, die nicht schlimmer sein dürfen als der Anlaß. »Der Mut stellt sich die Wege kürzer vor«, sagt Goethe im Tasso. Aber zuviel Rücksicht, zuviel Umschweife und Diplomatie kann auch schaden. So sagt der gleiche Goethe: »Den Menschen und den Sachen gerade in die Augen zu sehen und sich dabei auszusprechen, wie einem eben zumute ist, dieses bleibt das Rechte, mehr soll und kann man nicht tun.«

Zur Freiheit befreit

Befreit werden können wir nicht nur von äußeren Zwängen, von Unterdrückung und Diktatur, befreit werden wir auch von Ängsten und Kleinmut, von Hemmungen und Komplexen, von Egozentrik und Selbstverfangenheit. Einseitig und nur negativ als »Freiheit von« verstandene Freiheit kann auch ihr Gegenteil bewirken. Und das zeitentsprechende Motiv der Selbstverwirklichung – mit Freiheit gleichgesetzt – kann als Lebensprinzip einer Aufmunterung für eine neue Generation von Egoisten gleichkommen, die sich durch nichts mehr gehalten und zurückgehalten fühlen. Wer sich selbst voll verwirklichen wollte, würde leicht übersehen, daß die Selbstverwirklichung immer auch die Selbstbegrenzung erfordert.

Vorausgehen muß ihr allerdings in jedem Falle die Selbsterkenntnis. Und auf der Suche nach ihr bleiben viele in der Selbstbetrachtung und Selbstversenkung stecken. Alle möglichen Techniken und Praktiken der inneren Einkehr werden heute auf dem breiten Markt der angewandten Psychologie, vor allem der sogenannten humanistischen Psychologie gehandelt. Sich selbst zu entdecken kann für viele ein Erlebnis mit immer neuen Enthüllungen und Überraschungen sein. Es kann sich allerdings auch in steriler Nabelschau erschöpfen. Wer immer nur auf sich schaut, verliert sich im eigenen Selbst, entfremdet sich der Welt, verlernt zu handeln. Schon Goethe hat einmal in den »Sprüchen in Prosa« zutreffend bemerkt: »Wie kann man sich selbst kennenlernen? Durch Betrachten niemals, wohl aber durch Handeln. Versuche deine Pflicht zu tun, und du weißt gleich, was an dir ist.« Dies verlangt das Gegenüber, die Umwelt. Darum hat der Kieler Pädagogikprofessor Theodor Wilhelm zu Recht empfohlen, »ganz von sich abzusehen und sich ganz der Sache hinzugeben«.

Hier entfaltet sich die Dialektik des Selbst: Sich selbst lieben kann man nur, indem man den anderen liebt; sich selbst verwirklichen nur, indem man etwas anderes gestaltet, Vorhaben in die Tat umsetzt oder auch indem man an sich arbeitet und von außen kommende Notwendigkeiten erfüllt.

Die Wechselbeziehung von Ich und Du, von Individuum und Gesellschaft ist es eigentlich erst, die unsere Realisation als soziales Wesen erlaubt. Der Mensch führt eine dialogische Existenz. Er kann sich nie allein verwirklichen, sondern nur in Auseinandersetzung und im Zusammensetzen mit anderen. Ohne die anderen wäre er nichts – erst mit ihnen gemeinsam wird er ein Selbst.

Eine ähnliche Dialektik liegt auch in der Liebe vor. Selbstverwirklichung im vollen Umfang geschieht erst in der Hingabe nach dem biblischen Motto: »Wer sein Leben lieb hat, wird es verlieren, und wer es verliert, wird es finden.« Konrad Adam hat auf diesen sterilen Tatbestand hingewiesen, der in der Selbstverwirklichung aus sich selbst besteht und die ausschließliche Selbstbegegnung so ergebnislos macht: »Denn eine Eins kann man tausendmal mit sich selbst multiplizieren, das Ergebnis ist und bleibt eins.« Man möchte hinzufügen: Mit Null multipliziert gibt jede Zahl wiederum Null. So kann die Selbstverwirklichung zu einem enthüllenden Spiegel des Vakuums und vielleicht darüber hinaus zur Eröffnung des Nihilismus führen.

Wohl zum ersten Mal hat Friedrich Nietzsche den Menschen, der sich selbst verwirklicht und gleichsam auf den eigenen Zehenspitzen sich nur um die eigene Achse dreht, geschildert. Es ist »der tolle Mensch« aus der »fröhlichen

Wissenschaft«. Er zündete an einem Vormittag seine Laterne an, lief über den Markt und schrie unaufhörlich: »Ich suche Gott! Ich suche Gott!« Er sucht ihn vergebens und kommt plötzlich zu der Erkenntnis: »Wir haben ihn getötet – ihr und ich! Wir alle sind seine Mörder! Aber wie haben wir dies gemacht? Wie vermochten wir das Meer auszutrinken? Wer gab uns den Schwamm, um den ganzen Horizont wegzuwischen? Was taten wir, als wir diese Erde von ihrer Sonne losketteten? Wohin bewegt sie sich nun? Wohin bewegen wir uns? Fort von allen Sonnen? Stürzen wir nicht fortwährend? Und rückwärts, seitwärts, vorwärts, nach allen Seiten. Gibt es noch ein Oben und ein Unten? Irren wir nicht wie durch ein unendliches Nichts? Haucht uns nicht der leere Raum an? Ist es nicht kälter geworden? Kommt nicht immerfort die Nacht und mehr Nacht?… Ist nicht die Größe dieser Tat zu groß für uns? Müssen wir nicht selber zu Göttern werden, um nur ihrer würdig zu erscheinen? Es gab nie eine größere Tat – und wer nur immer nach uns geboren wird, gehört um dieser Tat willen in eine höhere Geschichte, als alle Geschichte bisher war!«

Von dieser »höheren Geschichte« war schon manche Bewegung überzeugt, und nachher fand sich der Mensch plötzlich ganz unten wieder. Dabei war diese Erniedrigung keineswegs jene freiwillige Selbsterniedrigung in Demut, von der noch Martin Luther in seiner Schrift »Von der Freiheit eines Christenmenschen« spricht. Im dreißigsten Punkt seiner Abhandlung resümiert er: »Aus dem allem ergibt sich die Folgerung, daß ein Christenmensch nicht in sich selbst lebt, sondern in Christus und in seinem Nächsten; in Christus durch den Glauben, im Nächsten durch die Liebe. Durch den Glauben fährt er über sich in Gott, aus Gott fährt er wieder unter sich durch die Liebe und bleibt doch immer in Gott und göttlicher Liebe ebenso wie Christus.« Auch hier ist also eine Erhöhung des Selbst vorangegangen und eine Erniedrigung die Folge, aber eine Erhöhung nicht an die Stelle Gottes, sondern in Einheit mit Gott, und eine Erniedrigung nicht in die Inhumanität, sondern gerade in die Humanität und Nächstenliebe. Hierbei beruft er sich auf Paulus (1. Korinther 9,19): »Ich bin frei in allen Dingen und habe mich eines jedermanns Knecht gemacht.« Luther weiter: »Sieh, so fließt aus dem Glauben die Liebe und die Lust zu Gott und aus der Liebe ein freies, williges, fröhliches Leben, dem Nächsten umsonst zu dienen.«

Auch hier zeigt sich, wie eng Bindung und Freiheit zusammengehören und wie entscheidend für die Freiheit des Menschen seine Bindung an das Höchste, den Höchsten ist. In diesem Sinne kann Luther sagen »Domini sumus«, was etwas Doppeltes bedeutet: Wir sind des Herrn – darum sind wir Herren.

Neben seiner Schrift »Von der Freiheit eines Christenmenschen« hat er übrigens auch eine »Über den unfreien Willen« geschrieben und nennt darin die Alternative in aller Schärfe beim Namen: Der Mensch wird immer geritten, entweder von Gott oder dem Teufel. Sich selbst bestimmt er nie, sondern er wird bestimmt durch das an Werten oder Unwerten, was ihn motiviert und wonach er sich ausrichtet. Hier gibt es kein Ausweichen und kein Entrinnen, sondern nur ein immer neues Entscheiden. In diesem Konflikt ist die ganze Welt ausgespannt. Der Kampf findet in unserem Herzen statt. Wir sind Schlachtfeld und Kämpfer zugleich.

Aber in diesem Konflikt liegen auch Chance und Größe des Menschseins, Wandel und Wachstum, schöpferische Unruhe und Freiheit des Menschen im allerhöchsten Sinne dieses Wortes.

Daran wird zugleich deutlich, daß der Humanismus, der

die Freiheit ohne Gott sucht, leicht in Nihilismus umschlagen kann. In ihm treten unmerklich an die Stelle der Werte, die größer sind als der Mensch und maßgeblich für ihn sein sollten, die Wünsche und Antriebe, in denen er sich selbst zum Maßstab setzt und scheinbar selbst verwirklicht. Diese merkwürdige Abart des Idealismus, die das unbekannte eigene Selbst als höchstes Ziel aufpflanzt, wird eines Tages desillusioniert werden müssen. Die schmerzhafte Erkenntnis wird folgen, daß da nichts mehr ist, was lohnt, und daß man mit sich allein keineswegs in der besten Gesellschaft ist.

Der Mensch findet sich erst da, wo er sich nicht mehr sucht, sondern wo er sich hingibt und verliert an etwas, das größer ist als er selbst.

Niemand kann sich aus sich selbst verwirklichen und sich selbst die Gesetze seines Handelns geben. Das Spannungsvolle menschlicher Existenz liegt gerade darin, daß der Mensch sich weiter entwickelt und wachsend verwirklicht in dem Maße, in dem er Werte anerkennt und sich aneignet, also einer Wahrheit sich öffnet, die größer ist als er selbst. Negiert oder ignoriert er diese Wahrheiten und Werte, verkümmert er, bleibt bei sich selbst, verharrt auf dem jeweiligen Stand seiner Entwicklung oder fällt sogar noch hinter ihn zurück, statt sich zu wachsender Freiheit weiterzuentwickeln. Die reine Selbstverwirklichung dient also der Freiheit im Grunde nicht, sondern läßt sie auf den Schrumpfpunkt des eigenen Ich verkümmern. Vielmehr hat Hans-Joachim Schoeps recht, wenn er diese Dialektik so ausdrückt: »Der Mensch ist das, woran er glaubt und wofür er liebend entbrennt.«

Eine solche Freiheit isoliert nicht, wirft nicht in die Einsamkeit – auch nicht in die des Adlers auf der Klippe – zurück, sondern sie verbindet und macht Gemeinschaft möglich. Damit ist die unbewußte Hauptsorge des scheuen und schüchternen Menschen ausgeräumt, nämlich – wenn er zu weit vorpresscht – isoliert und abgelehnt zu werden. Der wirklich freie, in sich ruhende, selbstsichere Mensch begegnet den Partnern mit aufrechtem Gang und zugewandtem Antlitz. In dieser Begegnung fühlt er sich getragen, geborgen und sicher, hat seine Freiheit gefunden und die so lange hindernden und quälenden Hemmnisse überwunden. Nun ist er freigesprochen – wie der Geselle, der auf dem Weg zur Meisterschaft ist. Und was gibt es für größere Meisterschaft unter Menschen, als Freier unter Freien zu sein!

Mein ärgster Feind bin ich:

Bernhard Geue
Wie ich mir das Leben zur Hölle mache
und andere erfolgreiche Strategien, sich selbst zu schaden
176 Seiten, Hardcover mit farbigem Schutzumschlag

Dieses Buch beschreibt eingängig die negativen Strategien, mit denen wir uns den Alltag und die eigene Lebensfreude verderben. Bei regelmäßiger Anwendung der hier gegebenen Tips wird es leicht fallen, jegliche Hoffnung aufzugeben und ganz an sich zu verzweifeln. Oder aber ein Ende zu machen mit der liebgewordenen Selbstquälerei.